Damals in Wien

Franz Taucher

Damals in Wien

Anfang ohne Ende

Europaverlag
Wien · München · Zürich

Umschlag und Einband von Wilhelm Kögl

Lektorat Peter Aschner

Printed in Austria
Satz und Druck Elbemühl Wien
ISBN 3-203-50773-0

INHALT

Abgeschieden

Mich ritt der Teufel, und die Angst in mir war sein Roß. Seit Wochen war ich überfällig, und dieses Wort hatte im Sprachgebrauch der deutschen Wehrmacht eine besondere Bedeutung. Auf meinem militärischen Reisepapier mehrten sich die falschen Stempel, die der Verpflegsunteroffizier Heinz Paller, der möglichen Folgen für uns beide durchaus bewußt, dennoch ohne Zögern aufgedrückt hatte. Der Einfall, dem Grenadierbataillon 2/462 in Böhmisch-Krumau ein Telegramm zu schicken, ich sei noch beim Augenarzt festgehalten, war längst nicht so gut, wie ich in meiner Einfalt gedacht hatte, und die Unterschrift zumal »Gruß, Grenadier Taucher« schien mir jetzt ein arger Mißgriff.

Von Stunde zu Stunde wuchs die Befürchtung, es könnten eine Patrouille an die Tür pochen und mich abführen. An Schlaf war nicht zu denken, ich fiel von einer Verwirrnis in die andere, in einer mich plötzlich überfallenden Kopflosigkeit packte ich meinen alten Lodenanzug in den Militärrucksack und fuhr zum Franz-Josefs-Bahnhof. Anstandslos marschierte ich durch die militärische Sperre, doch schon nach wenigen Schritten durchzuckte mich der wilde Gedanke an das schreckliche Ende von Soldaten, in deren Gepäck man einen Zivilanzug gefunden hatte.

Wie in einem Traum, ohne eigenen Willen, machte ich kehrt. Schwebend gleichsam, in einer Art von unirdischer Sicherheit, ging ich wieder der Ausgangssperre zu und wurde genauso hinausgelassen, wie ich hereingekommen war. Die Verwunderung darüber, nicht durch ein Zeichen oder Wort aufgehalten worden zu sein, kam viel später, im Augenblick verspürte ich nur eine grenzenlose Erleichterung. Die nachfolgende Erklärung, eine Angst habe die andere erzeugt, gesteigert und mich in einen Zustand der Hypnose versetzt, war nur wenig befriedigend, wie denn alles, was in diesen Tagen der Auflösung und des Zerfalls geschah, eine wünschenswerte Klarheit kaum zuließ.

Die Tage Anfang April 1945 waren heiter, nur selten von einer Wolke getrübt, die Sonne wärmte bereits, und in der hellen, einschmeichelnden Luft lag ein Versprechen, das von der Erfüllung nicht mehr weit und jeden verdüsternden Zweifel aufzusaugen schien. Als ich aus der finsteren Bahnhofshalle in das Licht des Tages trat, war ich von einer ungeheuren Hoffnungsfreudigkeit erfüllt. Noch konnte mich der rauhe Befehl einer Soldatenstreife aufhalten, doch eine aufschäumende Gewißheit, ich würde ungefährdet nach Hause kommen, überspülte jedwede Befürchtung. Dieser kurze Weg nach Haus war ein Weg zu mir selbst. Ich hatte meine Identität wiedergefunden.

Ich wohnte im 3. Bezirk, in der Weißgerberstraße. Sie war nur eine Häuserzeile vom Donaukanal getrennt; damals gab es noch eine kleine Fähre zum anderen Ufer. Etwas unterhalb führte eine Brücke über das Wasser und die anschließende Straße direkt in die Praterauen. Die geräumige Wohnung, der ich zustrebte, lag im vierten Stock, sie gehörte der Witwe des Generals Karl Schneller, der vor drei Jahren gestorben war. Ich hatte ihn nicht gekannt, aber vieles über ihn bereits vor Jahren von meinem väterlichen Freund Adolf Vetter vernommen.

In den Oktobertagen des Jahres 1918 hatte Schneller als Generalstabsoffizier eine bedeutende Rolle in den Waffenstillstandsverhandlungen zwischen Österreich und Italien gespielt. Karl Renner, der erste Kanzler der aus den Trümmern der Monarchie entstandenen Republik, hatte ihn ein Jahr später als militärischen Berater zu den schwierigen Friedensverhandlungen nach St.-Germain mitgenommen. Er hatte im Bundesministerium für Verteidigung die Sektion I, den Planungsstab, geleitet, bis ihn der christlichsoziale Heeresminister Carl Vaugoin im Jahre 1926 durch die sogenannte »Lex Schneller« von seinem Posten entfernte und vorzeitig in den Ruhestand schickte. Seine militärische Kompetenz war in Fachkreisen unbestritten, seine umfassende und tiefgehende Bildung hatte ihm auch außerhalb dieser Kreise Hochachtung und Respekt erworben.

Mit Adolf Vetter, dem ersten Präsidenten der Bundestheaterverwaltung in der Ersten Republik, und mit Theodor Körner war er eng befreundet gewesen. Erlebnis, Anschauung und Erfahrung des Ersten Weltkrieges hatten ihn zu einem Mann des Friedens und zum Mitglied der Sozialdemokratischen Partei gemacht, von deren politischen Bestrebungen er sich insgeheim eine Abkehr von Unrecht und Willkür erhoffte. Obgleich er, anders als sein Freund Theodor Körner, der nachmalige Präsident der Zweiten Republik, mit dem Republikanischen Schutzbund niemals etwas zu tun gehabt hatte, wurde er in den Februartagen des Jahres 1934 verhaftet und vom Regime des Ständestaates sieben Monate im Anhaltelager Wöllersdorf festgehalten. Sein Sonetten-Zyklus *Gefangenschaft,* der dort entstanden war und den ich als erster zu Gesicht bekam, überraschte durch die poetische Kraft, die humane Gesinnung, die souveräne Beherrschung der Form und bleibt ein menschliches Dokument von hohen Graden. Und niemand wird mir die Genugtuung darüber, daß es mir gelungen war, es erst vor kurzem in die Öffentlichkeit zu bringen, nehmen und als eine unbescheidene Regung auslegen können.

Adolf Vetter, mein väterlicher Freund, war im gleichen Jahr wie Karl Schneller gestorben. Dessen Witwe Maria hatte ich durch Noemi Vetter kennengelernt. Die hochragende Frau, von beherztem Wesen, souverän in ihrer Haltung, den Nationalsozialismus und seine Funktionäre tief verabscheuend, war noch voll angeschienen vom Abglanz des Glücks, das sie in der Ehe mit ihrem Mann gefunden hatte. Das bewahrte sie vor nutzloser Larmoyanz und verweichlichender Trauer. Nach meiner Übersiedlung aus Frankfurt bot sie mir gleich einen Teil ihrer großen Wohnung als Unterkunft an. Sie wurde schließlich die Taufpatin meines Sohnes. Mit Maria, dessen Mutter und meiner ersten Frau, deren gelassenes Naturell alle auftretenden Schwierigkeiten wie ein Schwamm aufsog und zum Verschwinden brachte, fühlte sie sich von innen her verwandt. In dieser Zeit einer moralischen, politischen und geistigen Auflösung, der physischen und materiellen Zerstörung erblühte plötzlich und wie von selbst das Wunder einer Freundschaft, die bis zu ihrem Lebensende dauern sollte.

Die Wohnung der Schnellers lag im vierten, obersten Stock. Darüber war nur noch der Dachboden, und ging man von da eine kurze Treppe höher, so gelangte man zu einer Tür, die den Weg zum flachen Dach des Hauses freigab. Das Haus nebenan konnte man als Zwilling des unseren bezeichnen: es war auf die gleiche Weise gebaut, und die Wohnungen hielten sich in derselben Größe und Anordnung. Das flache Dach überdeckte beide Häuser, so als wäre es nur eines. Ging man auf ihm weiter, so hielt man vor einem gleichgebauten Durchschlupf wie dem, durch den man eben gekommen war. Von dort herabsteigend, gelangte man durch das gleichgebaute Stiegenhaus, aber eben durch eine andere Tür, wieder auf die Straße, ins Freie.

Diese bauliche Anordnung war wie dazu geschaffen, einer nachforschenden Patrouille mit Erfolg zu entkommen. Das verlangte allerdings, daß ich mich vorwiegend, auch nachts, auf dem Dach aufhielt und mich in der Wohnung nur gelegentlich aufwärmte. Es war nicht mein Verdienst, diesen möglichen Fluchtweg ersonnen und ausgekundschaftet zu haben, es war vielmehr der Hausmeister des Zwillingbaues, der einmal auf mich zugekommen war, mir augenzwinkernd versicherte, er wisse über mich Bescheid, und mich zugleich auf diese günstige Bauanlage aufmerksam machte. Er bot mir auch an, er werde von sich aus Augen und Ohren offenhalten und mich vor einer nahenden Gefahr rechtzeitig verständigen. Die Russen, so flüsterte er mir zu, seien bereits in Himberg, lange könne es nicht mehr dauern, und sie würden auch hier auftauchen. Er war die flüsternde Zuversicht.

Sein Angebot machte mir deutlich, daß ich, obgleich in die Rolle eines rebellischen Verschwörers gedrängt, keineswegs ein Meister im Vortäuschen meiner Absichten war, denn niemals wäre mir eingefallen, ihn ins Vertrauen zu ziehen. Doch wurde das Unbehagen, das ich bei dieser Aufdeckung empfand, von der Angst überdeckt, ich könnte womöglich noch mehr verlieren als nur meine Freiheit. So nickte ich ihm dankbar zu.

Wenn ich in der mir durch die Verhältnisse aufgezwungenen Rolle auch nur einigermaßen bestand, so war das weniger meiner Fähigkeit zum Widerstandskämpfer als vielmehr der Tatsache zuzuschreiben, daß ich, wie ich später erfahren habe, von meinem Bataillon in Böhmisch-Krumau überhaupt nicht gesucht wurde. So ähnlich mag es wohl mit vielen zugegangen sein, die sich später nicht genug ihrer Taten als Widerstandskämpfer rühmen konnten und, danach gefragt, ob sie dabei Angst empfunden hätten, diese Frage furchtlos verneinten.

Im Dachboden und auf dem Dach selbst, beides keineswegs ein sicheres Versteck, hätte man mich ernstlich gesucht, hielt ich mich in den folgenden Tagen und Nächten zumeist auf. Manche Neuigkeit drang in meine selbstgewählte Abgeschiedenheit, und während ich dieses Wort hinschreibe, wird mir sein schrecklicher Doppelsinn erst recht bewußt. Hat man sich da nicht selber aus dem Reich der Lebendigen ausgeschlossen, und haftet an solcher Tat nicht ein Frevel, auch wenn sie einem aufgezwungen worden ist? Die Antwort bleibt so unklar, wie es die Verhältnisse damals waren. Sie aus der Sicherheit eines unbedrohten Daseins zu geben oder zu empfangen, muß unbefriedigend bleiben, wie denn fast jeder akademische Formelkram sich an der Wirklichkeit zuschanden schlägt oder an ihr vorbeizielt.

Denn Gedanke und Empfindung waren damals allein aufs Überleben gerichtet, darauf, der mörderischen Falle zu entkommen, zu der Hitler und seine engsten Mitverschworenen diesen Krieg erniedrigt hatten. Es gab, wenn es je eines gegeben haben sollte, kein Motiv mehr, ihn weiterzuführen, keine Begründung, die ihn hätte rechtfertigen können. Er war längst an dem Punkt angelangt, der alles außer Kraft setzt, die Lüge, die Scheinheiligkeit, die grobe Irreführung des Volkes durch eine ebenso raffinierte wie impertinente Heuchelei. Er war längst in das Stadium geraten, in dem die überdimensionierte Böswilligkeit die totale Vernichtung von Leben und Welt anstrebte, die Totenstille und vollkommene Leere auf unserem Erdstern, von dem es in der Schöpfungsgeschichte heißt, der gütige Gott habe ihn gewollt, sein Licht darüber ausgegossen und den Menschen nach seinem Bild geformt. Ehre, Treue, Verpflichtung zum eigenen Volk waren durch infernalische Handlungen längst unmöglich gemacht worden und ausgelöscht. Nichts mehr gab es, was den einzelnen an die frivolen Gesetze einer ständig frevelnden Gemeinschaft hätte binden können. Hitler und seine miserablen Kumpane hatten sich schrankenloser Willkür, dem ungebändigten Wüten gegen die Natur der Schöpfung verschrieben und eine nicht mehr zu tilgende Schuld auf sich geladen. Jedes menschliche Gericht mußte hier versagen, wie erst eines, das von den Siegern eingesetzt wurde. Nur überirdische Gerechtigkeit konnte hier verdammen.

Einige Wochen später, als alles ausgestanden war, der Krieg und das Morden, alles bis auf die im Geheimen und im Offenen fortwirkenden Folgen, befand ein österreichischer General, der Frau Schneller besuchte, in meiner Abwesenheit über mich, ich hätte mich eigentlich der Desertion schuldig gemacht. Es war die Ausgeburt vollendeten Schwachsinns und ein wenn auch lächerlich anmutender Ausdruck dieser fortwirkenden Folgen. Es war weder der General Körner, damals bereits Bürgermeister von Wien, noch der General Wiesinger, die zu dieser Zeit Frau Schneller regelmäßig besuchten. Es war ein Zunftgenosse von ihnen, dessen Name um seiner noch lebenden Nachkommen willen verschwiegen sei.

Neuigkeiten, die auch zu mir drangen, gab es viele, doch war es nicht immer leicht, herauszufinden, was eine auf Tatsachen beruhende Nachricht war oder nur Gerede und Gerücht. Nicht immer traf zu, was Glaube und Hoffnung in meine aufgeregten Sinne geschrieben hatten, bis zuletzt die Nachricht wirklich zuverlässig war, die Russen hätten die Stadt erreicht und sich bereits bis nach St. Marx vorgekämpft. Und während sie sich unserer Straße ohne nennenswerten Widerstand näherten, kämpften jenseits des Kanals, in den Praterauen, Verbände der Waffen-SS. Man hatte sie wohl umgangen. Sie leisteten noch mehrere Tage verzweifelten Widerstand. Ich hielt die Zeit für gekommen, die Uniform endgültig auszuziehen, sie sorgfältig zu verstecken und als Zivilist in den Keller hinabzusteigen.

Dort hatten sich schon seit einigen Tagen die Hausbewohner einquartiert, mit Ausnahme derjenigen, die in den Westen geflohen waren, nach Salzburg oder Tirol. Auch Maria mit dem Kind hielt sich unten auf, und Frau Schneller. Der Keller war nicht, wie sonst üblich, in Bretterverschläge zerstückt, er war geräumig wie ein Saal, und so war Platz genug für Betten, Tische und Sitzgelegenheiten. Die meisten Hausfrauen hatten das beste Zeug aus dem Kasten geholt und die Betten frisch überzogen. Auch jetzt, wo alles auf schwankenden Grund gestellt und nichts vorhanden war, was in naher Zukunft als gesichert hätte gelten können, wollte man sich vor Nachbar und Nachbarin keine Blöße geben, keinen Anlaß zu einer späteren hämischen Nachrede. Darin drückte sich mehr als durch Worte die Hoffnung aus, man werde das Wirrsal heil und gut überstehen, und so war denn auch jeder mit dem angewiesenen Platz zufrieden. Mir waren fast alle Hausbewohner unbekannt, doch was immer es im Haus an wechselseitigem Verdruß und gegenseitiger Geringschätzung gegeben haben mochte, jetzt schonte einer den anderen und war ihm da und dort behilflich.

Nahe dem Eingang waren zwei größere Spirituskocher nebeneinander aufgestellt, und dahinter werkte Frau Thaler, gleich machtvoll in ihrer Körperfülle wie im Reden und Gestikulieren. Sie ließ niemand an ihren geschickt improvisierten Herd heran, sie kochte für alle, Tee, Suppe, Kaffee, je nachdem, was da an Vorräten beigesteuert wurde, und alle waren damit einverstanden, daß sie es war, die das Regiment führte. Sie glänzte vor Tüchtigkeit und war unbestritten die führende Person.

Ich war noch nicht lange im Keller, mehrere Stunden vielleicht, als die ersten Russen mit Gewehrkolben an die versperrte Haustür schlugen. Einige Männer, die mir ebenfalls noch unbekannt waren, hatten sie bereits im Hausflur erwartet und öffneten. Wir führten sie alsogleich in den Keller. Sie blieben zunächst am Eingang stehen, blickten auf das von Kerzen und Petroleumlampen erhellte Lagerleben, zwängten sich sodann langsam an Betten und Tischen vorbei, spähten da und dorthin und fanden nichts, was ihr Mißtrauen hätte erregen können. Es war nicht viel mehr als ein flüchtiger Augenschein.

Inzwischen waren weitere Russen herangekommen. Sie blieben vor der Eingangstür stehen und warteten dort auf die Kameraden, die den Keller durchsuchten. Nach einer kurzen Besprechung hoben sie die beiden Türflügel aus den Angeln und schafften eine Stalinorgel in den kleinen Hof. Leopold Thaler, der Sohn der tüchtigen Frau Thaler, und ich gingen mit drei russischen Soldaten durch alle Wohnungen. Auch dort wurde nichts gefunden, was ihren Argwohn hätte erregen können, bis auf einige Einsiedegläser in der Thalerschen Wohnung, die nicht ihr Mißtrauen, wohl aber ihren Appetit weckten.

Sobald wir wieder unten waren, begann die im kleinen Hof aufgestellte Stalinorgel aus allen Rohren zu feuern. Steil aufgerichtet, feuerten die Russen über das Haus in die Praterauen. Es waren ausgebildete Kampftruppen, die weder Zeit noch Lust zu haben schienen, sich mehr als notwendig um die Kellerbewohner zu kümmern.

Dann geschah, was ich mit Recht eine Fügung nennen kann. Es war Nachmittag, ich hatte in den vorausgegangenen Tagen und Nächten nur wenig geschlafen, ich war müde und abgespannt, die Neigung, mich hinzulegen, war schier unbezwingbar geworden. Ich wollte das in der Wohnung tun, weil bei dem Lärm und dem Gedränge im Keller keine Ruhe zu erhoffen war. Bevor ich meine Absicht ausführen konnte, überredeten mich zwei Hausbewohner, die sich in einer Ecke gemütlich eingerichtet hatten, an einem Preference-Spiel teilzunehmen, zu dem unbedingt ein Dritter gehöre. Nach einigem Widerstreben gab ich nach. Die Karten waren noch nicht ausgeteilt, als der Lärm einer Explosion bis in den Keller drang. Eine Granate, von den Praterauen herübergeschossen, hatte sie ausgelöst. Sie hatte die Mauer der Wohnung der Frau Schneller durchschlagen und aus dem Bett, in das ich mich kurz zuvor hatte legen wollen, einen wirren Haufen von zersplitterten Holzteilchen und zerfetzter Bettwäsche gemacht. Darüber schwebten, als wir die Wohnung betraten, noch einige Federchen.

Die beiden Kartenspieler fühlten sich als meine Lebensretter. So wie sie den Zusammenhang sahen und redselig auslegten, mochten sie damit gar nicht so unrecht haben. Ich dagegen nahm es für ein gutes Omen.

Der eine Vorgang dann fiel mir besonders auf: nachdem die Russen in das Haus und den Keller eingedrungen waren und nicht mehr zu erwarten war, sie könnten daraus wieder vertrieben werden, schafften fast alle Hausbewohner mit Ausnahme von Frau Schneller und Maria, die kaum etwas im Vorrat hatten, allerlei Lebensmittel herbei, Fleisch in Büchsen, Würste und Mehl. Das alles wurde auf den Tisch der tüchtigen Frau Thaler gelegt, mit rituell anmutenden Gesten, als brächten sie ein Sühneopfer dar. Jede Selbstsucht schien von ihnen abgefallen, man zeigte sich großzügig gegen jene, die nichts oder nur wenig hatten, auch sie sollten einen gerechten Anteil von dem haben, was sie im Schleichhandel erstanden und nun wie menschenfreundliche Zauberer aus sicheren Verstecken hervorgeholt hatten.

Sie waren tüchtig gewesen und hatten der strengen Rationierung ein Schnippchen geschlagen, sie waren stolz darauf, der eine lobte des anderen List, der wieder jenes Geschicklichkeit, aber nun waren sie bereit, ihr Scherflein für das Wohlbefinden der Kellergemeinschaft beizutragen. Fast alle, die sich auf den Schleichhandel so gut verstanden hatten, waren Mitglieder der Partei gewesen. Waren sie es noch? Sie waren etwas ängstlich, man sah es ihnen an, gewiß wollten sie mit diesem Sühneopfer die Angst vertreiben, aber insgesamt wähnten sie sich doch ohne große Schuld, und so waren sie jetzt friedlich, hilfreich und wohl auch dankbar verwundert, daß niemand mit dem Finger auf sie gezeigt hatte, als die Russen durch den Keller gegangen waren und nach »Faschista« gefragt hatten.

Wer auch hätte auf sie zeigen sollen?

Sie waren Mitläufer gewesen, ein winziger Teil jener Masse, die brav Schritt haltend auf jedes neu angestimmte politische Marschlied einschwenkte und jeder Fahne, wenn sie nur Sieg verhieß, begeistert zuwinkte. In ihren Augen gab es niemanden, der ein »Faschista« gewesen wäre, keinen, der den anderen mit einem solchen Schimpf hätte treffen können.

Einer allerdings war darunter, der wohl einige Ursache gehabt hätte, gegen bestimmte Hausbewohner vorzugehen, die jetzt so vortrefflich Kellergemeinschaft spielten und mit den Erträgnissen aus ihren Schleichhandelsgeschäften Nächstenhilfe übten. Es war Leopold Thaler. Aber er schwieg.

Aus der Jugendbewegung der Sozialdemokratischen Partei hervorgegangen, hatte er sich später in deren Bildungszentrale neben Josef Luitpold Stern einen guten Namen gemacht. Er leitete die Organisation der Partei im dritten Wiener Gemeindebezirk, als er in den Februartagen des unheilvollen Jahres 1934 verhaftet wurde. Seine politische Karriere schien damit zu Ende. Als die Nationalsozialisten an die Macht kamen, begnügten sie sich zunächst damit, ihn politisch zu überwachen. Nach meiner Wohnungsnahme bei Frau Schneller waren wir einander mehrmals im Stiegenhaus begegnet. Er wußte nichts von mir und ich wußte nichts von ihm, und so ließen wir es bei einem flüchtigen Gruß bewenden. Merkwürdig erschien mir später, daß Frau Schneller mich während dieser Zeit niemals auf ihn aufmerksam gemacht hatte. Ihr Mann, der verstorbene General, hatte schließlich der gleichen politischen Partei angehört. Auch er war 1934 von der Polizei des Ständestaates verhaftet und mehr als sieben Monate lang festgehalten worden.

Später, im September 1944, sah ich Thaler wieder, diesmal aber auf dem Gang des Hauses am Morzinplatz, in dem die Geheime Staatspolizei ihr unseliges Quartier aufgeschlagen hatte. Wir sahen einander verwundert an, als er an mir und ich an ihm, jeweils in Begleitung eines Büttels, vorübergeführt wurden. Mehr als ein gegenseitiges Achselzucken schien uns beiden nicht ratsam. Er kam in der Folge nach Dachau und ich zum Militär. Ende Februar 1945 wurde er aus dem Lager entlassen. Es war ungefähr die gleiche Zeit, in der ich mich von meinem Bataillon in Böhmisch-Krumau gelöst hatte.

Nun saß er hier im Keller, ohne sich hervorzutun, ein wunderlicher Gegensatz zu seiner etwas lauten Mutter. Auch sie, sonst lebhaft und gesprächig, war still geblieben und hatte auf niemanden gezeigt, als die Russen im Keller waren und nach »Faschista« suchten.

Denn da war einer, der es wirklich war, in seinem Beruf und wohl auch in seiner Gesinnung, ein kleiner, unscheinbarer Mann in vorgerücktem Alter. Ich hatte ihn vorher nie gesehen, auch jetzt blieb er im Halbdunkel seiner Kellerecke und machte sich erst bemerkbar, als er an einem Herzschlag verstarb. Er war Angehöriger der Geheimen Staatspolizei gewesen, Leopold Thaler hatte es gewußt, aber er hatte ihn nicht angegeben und wohl auch auf seine gesprächige Mutter eingewirkt, daß sie in diesem Fall stumm bleibe und nichts verlauten lasse.

Was mußte in dem Mann wohl vorgegangen sein, bevor ihn der Herzschlag erlöste? Im ständigen Anblick des Opfers, das ihn, den Büttel, verschonte? In dieses Dunkel Helligkeit zu bringen, blieb wohl nur Gott vorbehalten.

Die Russen verlangten, daß der Tote aus dem Keller geschafft und einstweilen im Hof begraben werde. Leopold Thaler und ich wickelten den Toten in eine Decke und trugen ihn hinauf. Noch stand dort die Stalinorgel, und gelegentlich wurde mit ihr auch geschossen. Einer von der Bedienungsmannschaft, ein kleiner Soldat mit kaukasischen Gesichtszügen, der Maria zuweilen in einem Schaff Wasser brachte, damit sie den kleinen Franz, der das erste Jahr seines Lebens im Keller vollenden sollte, waschen konnte, lächelte uns zu, als wir uns anschickten, den Toten einstweilen in die Erde zu legen. Es war das gleiche Lächeln, mit dem er auf die junge Mutter blickte, wenn sie das Kind reinigte und in frische Windeln legte.

Während wir die noch harte Erde aufschlugen und die Brocken wegschaufelten, erzählte mir Thaler, wer der Tote gewesen war. In seiner Stimme war eine leichte, fast hilflose Trauer. Vielleicht empfand er in dieser Stunde, daß hier eine Macht eingegriffen habe, die von niemandem erreichbar war und des Menschen nicht bedurfte. Er hatte in den letzten Jahren wohl zu viel Bitternis erfahren, um noch rachsüchtig sein zu können. Es beherrschte ihn zu diesem Augenblick wohl eine Empfindung, die von der geläufigen Formel des Verstehens und Verzeihens weit abgerückt war.

Da schaufelte der kleine Leopold Thaler, der ebenso unscheinbar aussah, wie der Tote im Leben ausgesehen hatte, einem politischen Gegner das Grab, und während ich ihm dabei zur Hand ging, dachte ich an meinen Vater, an Teinel und Capitan und seine anderen Arbeitskameraden; die meisten von ihnen waren bereits tot. Der Mann neben mir, der da in die Erde schlug und ihre Brocken wegschaufelte, stand etwa in der Mitte des Altersunterschiedes zwischen mir und meinem Vater und dessen Arbeitskameraden. Er war lange nicht so vital wie sie, so weiträumig im Wesen, unmittelbar im Handeln und Tun, so deftig und lebensfrisch in den Reden und Gebärden. Aber er schien ihnen auf eine wunderbare Weise nahegerückt. Ihnen und mir.

Ich gewann in diesen Tagen sein Vertrauen, später entfernten wir uns voneinander. Er konnte einfach nicht verstehen, daß ich mich nicht mit Haut und Haaren der politischen Partei verschrieb, der er selbst in allem und ohne jeden Vorbehalt diente. Ich war für ihn wohl eine Enttäuschung.

Leopold Thaler übernahm bald wieder die Bildungsarbeit seiner Partei. Er wurde in den Senat der Stadt Wien gewählt, er wurde unter den Bürgermeistern Körner und Jonas Stadtrat für Bauangelegenheiten und nach Erreichung der Altersgrenze Präsident des Dorotheums. Wenn wir uns in späteren Jahren begegneten, nur einmal mit Absicht, sonst zufällig, schlug mein Herz weder schneller noch höher. Aber damals, in den Tagen unserer Kellergemeinschaft, machte es sein bloßes Vorhandensein, daß ich mich plötzlich erinnerte, mich wie durch Zaubergewalt zu jenen Abenden zurückversetzt fühlte, an denen ich, knirpsenhaft nah noch dem Erdboden, den Gesprächen meines Vaters mit seinen Arbeitskameraden lauschte, ihren Hoffnungen und Träumen, ihrem reinen Glauben an die unbezwingbare Kraft der Menschengüte, die für sie im Sozialismus und in der sozialdemokratischen Bewegung aufbewahrt war; da ich, angelehnt am Stamm eines Kastanienbaumes, diesen Gesprächen lauschte, im kleinen Herzen den brennenden Wunsch, einmal so zu werden und zu sein, wie sie es waren.

Aufatmen

Während ich die Holzsplitter des zerschossenen und zerfetzten Betts aus Ziegelmehl, Mörtelstaub und Stoffresten herauszuklauben versuchte, in der rasch schwindenden Hoffnung, hier wäre noch etwas für die Feuerung des Ofens zu retten, hatte ich Anlaß genug, ein Dankgebet nach oben zu schicken. Mochten sich die beiden Hausbewohner, die mich zum Kartenspiel überredet hatten, auch für meine Lebensretter halten, für mich war's ein Wink vom Himmel, ein Gnadenerweis für meine unverbrüchliche Auffassung, es sei der Mensch auch in der Hand der irdisch Mächtigen immer noch mehr als nur ein Ziegelstein oder ein Holzpfosten.

Mit dem Bett war auch das daneben stehende Nachtkästchen zuschanden geworden, und mit ihm die Antwortbriefe, die ich auf meine Sendschreiben aus den verschiedenen Standorten meiner kurzen militärischen Laufbahn erhalten hatte. Darunter waren Briefe von Theodor Heuss und Benno Reifenberg, von Oskar Stark und August Dresbach, von Ernst Benkard und Erich Graf Wickenburg. Sie nicht mehr im Besitz zu haben, schmerzte, die hoffnungsstarke Empfindung, sie und meine nächsten Angehörigen am Leben zu wissen, war ein machtvoller Trost. So schaufelte ich den Schutt und die verfilzten Reste des zerstückten Bettes und des Nachtkästchens in einen Eimer, trug ihn auf die Straße und schüttete den traurigen Inhalt auf dort schon vorhandene Abfallhaufen, mit dem Gefühl, damit auch den letzten Rest einer Epoche auszuschütten, die voll gewesen war von Drangsal, entwürdigender Angst und Gefahr. Der Mensch schien mir geschunden genug, und mit ihm die ganze Menschheit.

War's damit wirklich zu Ende? Unweit unseres Hauses, in einem leerstehenden Lokal an der Ecke Weißgerberstraße-Hetzgasse, hatten die Russen ein Kommando eingerichtet. Von früh bis spät gingen dort Soldaten aus und ein, einzeln oder in Gruppen, alle schwer bewaffnet, und keinem traute man so recht über den Weg. Sie hatten Österreich vom deutschen Faschismus befreit, so war's von den Plakaten abzulesen, die überall angeschlagen waren, keinem Bewohner würde Böses widerfahren. Marschall Tolbuchin bürge dafür mit Namen und Rang.

Doch das schaffte keine wirkliche Beruhigung. Der Anblick bewaffneter Macht ängstigt immer und überall, Deklarationen richten dagegen nur wenig aus. Auch der feiner geartete Mensch, ist er Soldat geworden, wird durch Befehl und Selbsterhaltung Teil einer Bedrohung; jede Uniform, gleich welcher Form und Farbe, läßt in Kriegszeiten Angst in denen aufkommen, die keine tragen. Alle Lieder von Menschenverbrüderung sind da umsonst gesungen. Kein Bruder sucht hier seine Brüder.

Es dauerte nicht lange, und es gab wieder Lebensmittelkarten. Sie wurden an denselben Orten wie früher ausgegeben und empfangen, vorausgesetzt, man besaß, was durch sieben Jahre nicht gegolten hatte: einen Geburtszettel, mit dem man nachweisen konnte, in Österreich geboren worden zu sein, einen Heimatschein oder einen alten österreichischen Reisepaß. Auch die Beamten hinter den Schaltern waren dieselben wie zuvor. Allerdings trugen sie am Revers ihrer Röcke keine Abzeichen mehr, die an das hingegangene Regime erinnerten. Einige von ihnen trugen nun statt dessen rot-weiß-rote Armbinden. Meine Verwunderung war groß, daß beides, Beamte und Formulare, so rasch an Ort und Stelle waren. Mag der Beamte mit oder ohne Abzeichen auch zu den sterblichen Wesen zählen, sein Typus ist unausrottbar, kein Umsturz, keine Revolution, kein verlorener Krieg kann ihn von der Erde tilgen. Auch ihr Verhalten an den Schaltern hatte sich kaum geändert. Sie hielten sich weiterhin an Gesetz und Erlaß, mochten sie auch neu sein, und garantierten so die Aufrechterhaltung der seelenlosen Ordnung. Wer kein Dokument besaß, konnte sehen, wie er weiterkam. Da half kein Protestschrei, kein stilles Weinen. Vor den Ausnahmen, die es überall gibt, gewiß auch hinter den Schaltern, beuge ich das Knie und ziehe den Hut.

Auch der Hausmeister vom Zwillingsbau, der über meine verzwickte Lage so genau unterrichtet gewesen war, trug jetzt eine rot-weiß-rote Armbinde. Bereitwillig gab er mir über ihre Bedeutung Auskunft. Er sei Mitglied der Kommunistischen Partei, Hilfspolizist dazu und eben damit befaßt, alte Nazis ausfindig zu machen, um mit ihnen einen Arbeitstrupp zusammenzustellen. Zu tun gebe es da genug, fügte er hinzu und wies auf den da und dort aufgehäuften Schutt. Ob ich wisse, daß jetzt der Genosse Franz Honner für die Sicherheit der Bevölkerung verantwortlich sei? Ich wußte es, und noch einiges mehr. Aber ich sagte nichts, ich nickte ihm nur zu. Zufrieden trottete er seiner neuen Beschäftigung nach, um das Seine zur Bekräftigung und Belebung des neugewonnenen Staatswesens beizutragen. Es lag nicht in meinem Sinn, ihn über die Richtung aufzuklären, in die es der Genosse Franz Honner gelenkt wissen wollte.

In dieser Zeit des Übergangs tat ich nur, was für die Erhaltung des Daseins unbedingt notwendig war. Nach den vielen Tagen der Ängste und Aufregungen zog es mich ins Private, ins Begrenzte und Beschränkte. Die eigenen vier Wände, war die eine auch nicht mehr heil und das Loch, das die Granate geschlagen hatte, mit Ziegelsteinen und Fetzen verstopft, strahlten allein die Lieblichkeit des Friedens aus, sie waren jetzt für mich fast so etwas wie ein umbuschter Hain unter dem sanften Licht des Mondes. Die Bedrängnis fiel ab, ich atmete auf. Und sah es vor meiner Tür auch nicht lieblich aus, gewannen die Verse, mit denen Goethe seine *Kampagne in Frankreich* abschloß, erhöhte Bedeutung und Wirklichkeit:

Hier sind wir vorerst denn ganz still zu Haus,
Von Tür zu Türe sieht es lieblich aus;
Der Künstler froh die stillen Blicke hegt,
Wo Leben sich zum Leben freundlich regt.
Und wie wir auch durch ferne Lande ziehn,
Da kommt es her, da geht es wieder hin;
Wir wenden uns, wie auch die Welt entzücke,
Der Enge zu, die uns allein beglücke.

Ich begann wieder zu lesen. Meine eigenen Bücher hatte ich in Frankfurt durch Brandbomben eingebüßt, nun stand mir die große Bibliothek des verstorbenen Generals offen. Zum ersten Mal las ich Leo Tolstois *Krieg und Frieden.* Ich las mit der gleichen Intensität, derentwegen ich vor vielen Jahren als der unbegabteste Lehrling des Tischlermeisters Schwar so manche Arbeitsstunde versäumt und dafür manche unwahre Ausrede erfunden hatte, um ungehindert in das Wunder des *Grünen Heinrich* eindringen zu können. Der Winter vor dreizehn Jahren kam in mein Gedächtnis, in dem ich jeden Werktag in die Nationalbibliothek gezogen war, um mich vor der Kälte zu schützen und beim Lesen den Hunger zu vergessen. Die äußeren Bedingungen jetzt, da ich *Krieg und Frieden* vor mir hatte, waren nicht viel anders, ich merkte sie kaum. Zuweilen sah ich während der Lektüre auf, in kopfschüttelnder Verwunderung: Wie nur war mir dieses Buch bisher entgangen?

Meßbare Zeit, weit über ein Menschenleben hinausreichend, sank plötzlich in sich zusammen, nichts war Vergangenheit, alles drangvolles Leben in der gegenwärtigen Stunde. In das Bild der Zerstörung, das sich im Wirklichen vor die Augen drängte, trat jäh und unverhüllt das Wunder der menschlichen Gestaltungskraft. Ich war im Licht des Beständigen. Vor seiner Helligkeit schwanden Täuschung und Lüge hin, sie beleuchtete die einfache Wahrheit, die in der Wirklichkeit verborgen ist.

So schwebte denn ein Hauch der Allmacht über diesem Buch wie in der Welt draußen der Himmel über der Erde. Ein Gott, ein sehr irdischer, hatte mir Auge und Ohr geliehen, damit auch ich wahrnehme, was er schon lange in seinem Herzen wußte. Ich begann zu ahnen, was es mit jenen unwägbaren Größen, die man »historische« nennt, eigentlich auf sich hat: »Für uns, denen Christus den Maßstab des Guten und Bösen gegeben hat, gibt es nichts Unmeßbares. Und wo nicht Einfachheit, Güte und Wahrhaftigkeit ist, da ist keine Größe . . .« Der Satz schloß wie ein Siegel die einfachste Wahrheit auf.

Später las ich im Lesebuch des um viele Jahre jüngeren Maxim Gorki über Tolstoi:

»Ich ging die Küste entlang zu ihm nach Gaspra. Unterhalb des Jussupowschen Landsitzes erblickte ich am Strande zwischen den Steinen seine kleine, eckige Gestalt, in einem grauen, verdrückten Anzug und einem zerbeulten Hut; da saß er, das Gesicht in die Hände gestützt – zwischen seinen Fingern strähnte das silberne Haar seines Bartes – und schaute in die Ferne, aufs Meer hinaus. Zu seinen Füßen plätscherten die grünlichen, kleinen Wellen, als wollten sie sich an ihn schmiegen und dem greisen Zauberer von sich erzählen. Es war ein bunter, bewölkter Tag. Die Schatten der Wolken huschten über die Steine, mit diesen zugleich die Gestalt des Greises bald erhellend, bald verdunkelnd. Auf den großen, riesigen Steinen lag scharf riechender Seetang; tags zuvor war die Brandung sehr stark gewesen. Und auch der Greis erschien mir wie ein uralter, lebendig gewordener Stein, der von jeglichem Anfang und von jeglichem Ziel weiß und darüber nachsinnt, wann und wie das Ende kommen wird aller Steine, aller Gräser der Erde, aller Meeresflut, des Menschen und der ganzen Welt, angefangen vom Stein bis zur Sonne. Das Meer aber ist ein Teil seiner Seele, wie ja alles rings um uns aus seiner Seele quillt, von ihm ausgeht. In der sinnenden Reglosigkeit des Greises glaubte ich etwas Seherisches, Zauberisches zu spüren, etwas tief in das Dunkel unter ihm Eindringendes und zugleich hoch oben in der blauen Wüste Forschendes – als ob er, sein konzentrierter Wille es sei, der die Wolken ruft und wieder zurückstößt, der dem Zuge der Wolken und Schatten befiehlt, die die Steine zu wecken und zu beleben scheinen. Und in plötzlicher, einen Augenblick währender Verzückung fühlte ich: Wenn er jetzt aufstünde und die Hand ausstreckte, würde das Meer in gläserner Stille erstarren, die Steine würden sich bewegen und laut rufen, alles ringsum würde lebendig werden, sich regen, mit tausend Zungen zu reden beginnen – von sich, von ihm, wider ihn. Es läßt sich nicht in Worte fassen, was ich damals empfand, Jubel war in meiner Seele und Grauen, dann aber floß alles zusammen in dem glücklichen Gedanken: ich bin nicht verwaist auf Erden, solange dieser Mann lebt.«

Es hat Tolstoi gegeben, Tschechow und Gorki, und es gab bereits den Nobelpreis, aber keiner von ihnen war dem Stiftungskomitee würdig erschienen, diese hohe Auszeichnung zu empfangen. Dafür sind sie lebendig geblieben.

Die Begegnung mit Büchern geschieht oft zur rechten Zeit. Sie ist so unvermeidlich und vorbestimmt wie die Begegnung mit Menschen. So wie ich jetzt, in diesen aufgeregten Tagen, *Krieg und Frieden* las, so habe ich einstmals, Tischlerlehrling und fast ein Knabe noch, Gottfried Kellers *Grünen Heinrich* gelesen und dabei die Zuversicht empfangen, es sei noch nicht aller Tage Abend und ich werde dahin kommen, wo ich fester Wurzel schlagen könne; und so habe ich später, längst zum Mann herangewachsen, Goethe gelesen, immer wieder ihn, und war dankbar dafür, daß ich ihm nicht Jahre vorher begegnet war. So mag es bleiben bis zum Ende meiner Tage. Denn immer noch fallen Schatten aus den Augen, die Irrtum, Selbstsucht und Voreingenommenheit geworfen haben und die Sicht ins freie Menschentum verwehren.

Doch draußen, vor der Haustür, war es anders. Dort war weder Tolstoi noch Gorki erreichbar, dort montierten ihre nachgebornen Landsleute Fabriken ab, auf Befehl ihrer vorgesetzten Behörden; dort nahmen Soldaten in Uniform aus eigenem Antrieb Zivilisten die Uhren von den Händen und vergewaltigten da und dort Frauen. Es blieb unbekannt, ob sie wegen dieser Verbrechen angeklagt und verurteilt wurden, doch hoffe ich inständig, müßten sie einmal vor dem Jüngsten Gericht erscheinen, es würden noch vor ihnen jene Machthaber und Propagandisten aufgerufen, die im großen tun und verherrlichen, was im kleinen verabscheuungswürdig ist und bleiben wird.

Man hatte angefangen, die Deutschen und ihre Geschichte mit dem Fluch zu beladen, den ihr letztes Regime herausgefordert und ganz allein verdient hatte. Es war für einen großen Teil meiner Landsleute wohl leichter, »die Deutschen« zu sagen statt »die Nazi«. Mir schien, sie hätten allmählich damit beginnen können, einiges auch von ihrer Tafel zu wischen.

Die Versorgung mit Lebensmitteln blieb weiterhin schlecht, es gab zuwenig Brot, nur selten ein Stück Fleisch, und selbst die später so schmählich beredeten Erbsen waren rationiert und zum Teil bereits angefault.

So war's kein Wunder, daß der Ruf, die Russen hätten die Weinvorräte im Lagerhaus von St. Marx freigegeben, sich schneller verbreitete als eine Mitteilung durch Trommeln im Urwald oder Rauchfeuer auf den Bergen.

Auch ich hatte ihn vernommen. Sogleich regte sich in mir der alte Adam: mit einem Einsiedeglas und einem Eimer machte ich mich auf den Weg. Vor mir her, ähnlich ausgerüstet und mit gleicher Hoffnung, zogen viele andere die Spur.

Vor dem Tor des Lagerhauses drängten sich die Menschen. Ich verhielt mich keineswegs besser als die anderen. Ich zwängte mich durch den ständig sich vorschiebenden Knäuel. Bevor ich noch die wenigen Stufen bis zur Basis des Kellers hinabgestiegen war, schob sich das Glas aus seiner Halterung zwischen Arm und Körperseite und wurde einfach zerdrückt. Ich hörte nur das Knirschen von Glas unter vielen Tritten. Ich hatte Mühe, den Eimer festzuhalten. Dann gab es kein Weiterkommen mehr.

Der Keller hatte riesige Ausmaße, aber von meinem erhöhten Standort glaubte ich in die berühmte Hexenküche zu sehen, ohne Herd und Kessel zwar, ohne Meerkatz und Junge, aber von hexenhaften Gestalten in den wunderlichsten Verformungen angefüllt. Die Fässer, riesengroß alle, waren in mehreren Reihen gelagert, bis hin ans verdämmernde Kellerende, und in den schmalen Gängen dazwischen schoben sich Männer und Weiber, dicht aneinandergedrängt, wie auf einem Wellengang auf und nieder, getrieben von der Gier, mit verschiedenen Behältern an die Quelle zu kommen, an ein Spundloch hier oder dort, aus denen der Wein heraussprudelte, glucksend und schäumend und nur selten aufgefangen von einem Gefäß. Unter den hundert und aberhundert aufstampfenden und Halt suchenden Füßen vermanschte sich herabfließender Wein mit dem Staub auf dem Zementboden zu einer trüben Schmutzmasse. Von hinten drängten die Leute nach vorn, schubsten und stießen mit Händen und Knien, und die vorne waren, stemmten sich mit dem Rücken gegen die immer neu anbrandende Menschenwoge. Über dem Gestampf und Geschiebe brauste und sauste es, brodelte und summte, es war ein Lautbrei aus Knirschen und Klirren, Stöhnen und Wimmern. Vom Eingang her, dort, wo ich stand und nicht weiterkam, auch nicht mehr weiter wollte, fiel ein breiter Streifen Tageslicht herein, und obgleich im Keller nicht Finsternis herrschte, nur Halbdunkel und schummriges Dämmerlicht, traten plötzlich Walpurgis und der Brokken in meine Vorstellung. Und ich glaubte, über dieses auf- und niederwogende Gedränge eine Stimme zu hören, halb Klage, halb Entsetzen:

Zurück, zurück, unsinniger Hauf!
O hätt' ich Flügel, flög' ich auf!

An diesem Abend gab es, wie schon an vielen zuvor, keinen Wein, der Adam in mir hatte sich umsonst gefreut, und ich, sein Herbergsvater, muße mich mit der Erkenntnis begnügen, es lasse sich das Individuum auch ohne äußere Kommandogewalt von der Masse aufsaugen, durch Not und Entbehrung ebenso wie durch seine eigene Begierde. Ich war von ihr selber angesteckt gewesen, und wenn ich auch, mit dem Blick in diese überdimensionierte Hexenküche, aus eigenem Willen keinen Schritt weiter getan hätte, bis zur Kellerstiege hatte sie mich doch geführt. Ich dachte an die Massenaufmärsche der nationalsozialistischen Formationen, diszipliniert bis in die kleinste menschliche Regung und Bewegung, und weil ich schon ohne Wein auskommen mußte, aber nicht nur deshalb, war ich in meinem Innern fest entschlossen, an keiner Zusammenballung von Menschen mehr teilzunehmen, gleichviel, ob sie gelenkt war und diszipliniert bis zur perfekten Automation, oder wild entstanden, aus Begier.

So trieb mich denn auch kein Verlangen auf die Straße und in ein Versammlungslokal, um dort etwa mit Gleichgesinnten eine politische Handlung in Gang zu bringen, auch wenn sie der eben zu Ende gegangenen entgegengesetzt laufen würde. Auch wenn andere aus reinen Motiven dazu bereit waren, die Zeit dafür schien mir noch nicht gekommen.

Zunächst, und davon war ich fest überzeugt, waren die Erlebnisse zu überprüfen, die ein totalitäres Regime den Menschen hatte widerfahren lassen. Es bedrängte mich die Frage, wie es denn überhaupt dazu hatte kommen können, und ob es nicht bereits in der Demokratie geheime Brutstätten gegeben habe, aus denen dieses Monstrum hervorgegangen und mit seinem schreckenerregenden Umriß ans Tageslicht getreten war.

Aus nichts kann nichts kommen. Der Satz schien mir bedenkenswert und im Augenblick kaum widerlegbar.

Was in der Wohnung zu tun war, um die ärgsten Schäden auszubessern, ward getan. Die Generalswitwe und Maria erwiesen sich darin in allem geschickter als ich. Das Loch in der Mauer, provisorisch geschlossen, blieb durch Monate. Erst dann war ein fachkundiger Maurer aufzutreiben. Fensterglas war nicht vorhanden. So spannten wir in die leeren Rahmen zurechtgeschnittene Pappe, für die es eigene Ausgabestellen gab. Wir lebten von der Hand in den Mund und von der Gnade der Besatzung. Sie war von keinem Segenswunsch durchwirkt.

Der fortschreitende Frühling und das gleichmäßig schöne Wetter ließen das Unbequeme leichter ertragen. Daneben liefen die Gedanken ins Weite. Man wollte wissen, wie es den Freunden ergangen war, den nächsten Anverwandten. Es gab keine Verbindung zu ihnen, aber stets grünte aus dunkler Sorge die lichte Hoffnung. Eine Heimstatt zu haben, ein festes Dach über dem Kopf, ward als Glück empfunden. Zu viele Menschen irrten noch durch die Straßen, ohne zu wissen, wohin sie ihre Schritte lenken sollten. Das Wort Heimat bekam einen neuen Klang.

Nahvergangenes

Gedachte ich der weitab wohnenden Freunde, so wollte ich jene bald vor Augen haben, die wie ich in Wien wohnten. Es gab eigentlich nur noch zwei: Heinz Paller und Milan Dubrovic. Andere, mit denen man offen hätte reden, hoffen und bangen können, waren noch vor dem Einmarsch der Russen abgereist, nicht aus eigenem Willen, sondern von den zivilen und militärischen Behörden auf ein Geleise gesetzt, dessen Fahrtrichtung sie selber weder bestimmen noch ändern konnten.

Beide, Paller und Dubrovic, wohnten in der Inneren Stadt, die durch die Ereignisse und die Anwesenheit der russischen Besatzungsmacht, deren Angehörigen man auf allen Wegen begegnete, vom 3. Bezirk weiter entfernt schien als jemals zuvor. Paller hatte eine Wohnung in der Mahlerstraße, Dubrovic im sogenannten Hochhaus in der Herrengasse, das vornehmlich von Schauspielern und Sängern aus Burg und Oper bewohnt war. Beide, obgleich um einiges älter als ich, waren noch vor mir von der Wehrmacht eingezogen worden, beiden hatte ich ohne Rückhalt vertrauen können. Ihre charakterliche Zuverlässigkeit, ihre humane Gesinnung erinnerten an die ungeschriebene Verpflichtung der Mitglieder des Redaktionsverbandes der *Frankfurter Zeitung,* die vorgeschrieben hatte, dem Regime von sich aus keinen Schritt entgegenzukommen. Es war eine Insel der Rechtschaffenheit gewesen, zum Verschwinden gebracht durch einen Befehl Hitlers im August 1943. Auch dort wäre ein Verrat undenkbar gewesen.

Als erster kam Heinz Paller, und mit ihm drängte sich

auch der kleine Hof vor seiner Dienstbaracke in der Augartenstraße in mein Gedächtnis. Es waren erst wenige Wochen seit dem Tag vergangen, als wir dort, er in der Uniform eines Verpflegsunteroffiziers, ich in der Uniform eines gemeinen Soldaten, auf und ab gegangen waren. Seinen militärischen Rang hatte er sich schon im Ersten Weltkrieg erdient, und jetzt, da ich ihn mit einem dunkelbraunen Anzug bekleidet sah, fiel mir plötzlich ein, daß ich ihn bislang niemals anders als in Uniform gesehen hatte. Er war schon Soldat gewesen, als ich ihn kennenlernte.

Da waren wir also vor gar nicht langer Zeit im kleinen Hof vor seiner Dienstbaracke auf und ab gegangen. Niemand war in unserer Nähe. Pallers Augenkraft war empfindlich geschwächt. Trotzdem hatte ich das Gefühl, als erblickte er auf meinem Seelengrund jene Unentschlossenheit, die vor jedem bedenkenswerten Wagnis steht und nur mit einem entscheidenden Ruck gehoben werden kann.

»Du mußt dir darüber klar sein, worauf du dich da einläßt«, hatte er damals gesagt. »Du kannst dann nicht mehr zurück. Und keiner von uns kann sagen, wie lange dieser Scheißkrieg noch dauern wird.«

Ich wußte es, zumindest in jenem Augenblick, gewiß war etwas von seiner kühlen Entschlossenheit auch auf mich übergegangen. Und so war er denn bereit, jeden Tag seinen Dienststempel auf mein abgelaufenes militärisches Reisepapier zu drücken. Das Wagnis war für ihn zumindest ebenso groß wie für mich; der Krieg ging zu Ende, ohne daß meine Papiere jemals geprüft wurden. Doch Glück hin und Zufall her, seine Bereitschaft, mir in einer außergewöhnlichen Situation entscheidend zu helfen, macht etwas von seinem angeborenen Mut und noblen Charakter deutlich. Er riskierte in einer Sache, die nur mich allein betraf, mehr als ich selber, und so habe ich

Ursache genug, ihm für den Blick aus seinen kurzsichtigen Augen über sein Grab hinaus dankbar zu sein.

Er war zehn Jahre älter und so wie ich in Graz geboren. Doch hatte bis zu unserer Begegnung in Wien keiner vom andern jemals etwas gewußt. Unser Lebensgang verlief auf verschiedenen sozialen Ebenen. Auch im Politischen gab es durch das verschiedene Herkommen keine Übereinstimmung. Seine Familie war in bürgerliche Traditionen eingebunden, sein Vater, obschon vom Hof mit dem niedrigsten Adelsprädikat beglückt, das ihm erlaubte, ein »von« vor den Namen zu setzen, großdeutscher Gesinnung verpflichtet.

Das war, in diesen Kreisen und in Graz, üblich. Der deutsche Reichskanzler Bismarck war auch noch nach seinem Tod die erhabene Symbolfigur ihres politischen Denkens. Die allseitige Verehrung, die ihm dort entgegengebracht wurde, war höchstens durch die leichte Bekümmernis getrübt, daß er bei der Einigung des deutschen Reiches die deutschsprechenden Österreicher wissentlich übergangen hatte. Man trug es ihm nicht lange nach und stellte die Monarchie weiterhin unbekümmert in Frage. Und die aufkommenden Sozialdemokraten gar repräsentierten in den Augen dieser Leute nur den verachtenswerten Pöbel.

Die politisch akzentuierte Hinwendung zur eigenen Nation hat nur selten mit wirklicher Heimatliebe zu tun. Ihr ist in der Regel auch ein gehöriges Quantum Arroganz beigemischt, und daraus resultiert die beklagenswerte Geringschätzung für Angehörige eines anderen Sprach- und Kulturkreises. Pflegte man in den verschiedenen völkischen Verbänden, in einem Turnerbund oder Gesangverein, jene nicht zu unterschätzenden Werte, welche die volkskundliche Wissenschaft in der Formel »Sitte und Brauchtum« zusammenfaßt, geschah das nicht immer und allein aus Ehrfurcht und Liebe für die in Bild,

Klang und Szene gebrachten anonymen Formen und Riten aus dem ländlichen, bäuerlichen Dasein, stets war darin auch ein falscher Ton zu vernehmen, eine von außen eingeschmuggelte Bedeutung, an die das eigentliche, das wirkliche Volk niemals gedacht hatte, am wenigsten die namenlosen Schöpfer. Und über den markigen Ton der Reden, mit denen man solche Veranstaltungen einzuleiten pflegte, hätten sie gewiß in hilflosem Unverständnis nur den Kopf geschüttelt.

Ich weiß, wovon ich rede. Zeitlebens hat mich der reine Klang und Sinn eines Volksliedes angerührt, es mochte erblüht sein aus welchem Sprachgrund immer, zeitlebens hat mich seine kommerzielle und politische Verfälschung bis zum Rasendwerden gepeinigt. Wenn mir das deutsche und insonderheit das alpenländische am nächsten ist, so aus dem einfachen Grund, weil das Verstehen der Sprache nicht nur meine Empfindungen, sondern auch meine Gedanken anzuregen imstande ist. Heute und in der Überflutung unseres Alltags mit schwachsinnigen Schlagertexten eigener und fremder Provenienz ist es meinem Gemüt und Herzen noch näher gerückt, und da mag es wohl am Platz sein, einiger Männer in Vergangenheit und Gegenwart, die mir persönlich begegnet sind, dankbar zu gedenken; Kiem Paulis etwa aus dem Oberbayrischen, des Fanderl-Wastl aus Traunstein, des Lehrers Viktor Zack, des Volksforschers Viktor von Geramb aus meiner Heimatstadt Graz und des Professors Walter Deutsch in Wien. Sie alle und viele andere, ungenannte haben auf diesem Feld viel Segensreiches geleistet.

Es sind diese Lieder, in denen sich das Empfinden des Volkes am innigsten auszudrücken weiß, kraftvoll und natürlich, zart und keusch, niemals absinkend ins Triviale, Gemeine oder gar Obszöne. Es sind diese Lieder ein gemeinsames Gut, und immer wird mir unverständlich bleiben, daß man ihre Pflege so willenlos nationalen Verbänden mit politischer Zielsetzung überlassen hat. Hier hätten die Anhänger aller politischen Auffassungen, soweit sie überhaupt eine Beziehung zum Lied haben, alle Ursache, Respekt zu bezeigen, gewiß nicht im Sinne einer Besitznahme, vielmehr in der gemeinsamen Sorge, daß es rein erhalten bleibe und nicht in kommerzieller Ausnützung zum anwidernden Kitsch verkomme.

Gewiß hat es auch in den nationalen Verbänden genug Leute gegeben, die im kleinen Kreis darauf bedacht waren, ihre Neigung zum Volkslied rein zum Ausdruck zu bringen. In den großen öffentlichen Veranstaltungen jedoch fehlte niemals das politisch akzentuierte Lied. Vom »treuen, deutschen Herzen«, das auch in der Brust jedes Österreichers schlagen sollte, war es nicht weit bis zum »Heute hört uns Deutschland, morgen die ganze Welt«, wurde es auch in den österreichischen Kernlanden gesungen. Das Lied, das aus solchen Kehlen drang, war nicht mehr Lohn, der reichlich lohnet, immer war im Grundton auch die Zuversicht eingesenkt, es werde der Boden, auf dem man stand, bald zu Deutschland gehören, und das leise Bedauern nicht minder, daß es noch nicht so weit war. Denn war es auch ein schönes Land, in dem man sich befand, weihevoller und erhabener als Deutschland war keines. Wie leuchteten die Augen, wie weitete sich die Brust, bei den Singenden und Zuhörenden, dachte man daran.

Man dachte immer daran. Aber Heimatliebe, wirklich empfunden, drückte sich darin nicht aus.

Das Leuchten in den Augen vertiefte sich, als der Eine aus Braunau am Inn, ein Landsmann, den man später so gerne loswerden wollte, als dieser Adolf Hitler sich anschickte, wahrzumachen, was ihre Sehnsucht geträumt hatte. Noch später allerdings, als er daranging, sich den höchsten Adel der Welt zuzusprechen und diese zugleich in Besitz zu nehmen, war der Glanz bald erloschen, und nicht wenigen gingen die Augen über. Das, nein, das hatten sie nicht gewollt, meinten sie und starrten entsetzt in den Abgrund, der sich nicht nur vor ihnen auftat. So waren nicht alle, doch eine erkleckliche Anzahl, und es fiele, zumindest in Graz, nicht schwer, sie mit Namen und Rang aufzuzählen.

Es waren, wie sie meinten, die Methoden, die ihnen nicht zusagten.

Das etwa war das Klima, die geistige Luft, in der Heinz Paller aufgewachsen war. Weihrauch hat sie nie geschwängert, und Gott war nur vorhanden, wenn er Eisen wachsen ließ. Der Boden, den seine Kinder- und Studentenfüße abgestrampelt hatten, war von der materiellen Sicherheit bürgerlichen Wohlstands gelegt. Doch ist die geistige Luft beständiger als der Boden, über dem sie schwebt. Sie wirkt im einatmenden Kind fort, stützt und hält es noch in der Weite, in die es mit seinem Wachstum eintreten muß. Nicht umsonst spricht man vom »Stallgeruch«, der einem ein Leben lang anhafte. Sich von ihm freizumachen, braucht es eine Kraft, die man vor allem und zunächst in sich selber finden muß. Erst dann können Buch und Beispiel helfen.

So war es natürlich, daß er, als er an der Universität seiner Vaterstadt Philosophie mit Hauptfach Geschichte studierte, einer nationalen Verbindung angehörte, deren Mitglieder schon beim Frühschoppen über den Begriff der deutschen Nation diskutierten. Was immer sie darunter verstehen mochten, in Paller formte sich allmählich ein Bild, dem selbst die vielen Unzulänglichkeiten seiner Kommilitonen nichts anhaben konnten und das ich nicht genau zu beschreiben vermag, weil er es mir nie enthüllt hat. Aber das eine kann ich mit Bestimmtheit sagen: Es formte nicht seinen Geist, aber es blieb in seiner Seele haften. Auch das ihn anwidernde Treiben der nationalsozialistischen Studenten und Professoren an der Universität Marburg an der Lahn, wohin er gegangen war, um sein Studium abzuschließen, vermochte es nicht daraus zu entfernen. Die lebensgefährdende Vertrottelung dieses Treibens beschmutzte allerdings das Bild. So machte er es zum Inbild und ließ es über dem Irdischen schweben, jeder Besudelung unerreichbar.

Das alles habe ich erst nach und nach erfahren, ich habe es mir gewissermaßen selbst erzählt, aus der stetig anwachsenden Kenntnis seiner Person in mehr als drei Jahrzehnten, bis zu seinem Tod eben. Er selber sprach nur wenig von sich, und wenn, dann mehr in Andeutungen, etwa wenn er in Zorn gerict über private und öffentliche Dummheiten, von denen er annahm, sie kämen aus der Konvention seiner bürgerlichen Abkunft. Niemals sprach er darüber in den vielen ruhigen Stunden, die wir oft beim Wein verbrachten. Das war merkwürdig genug. Mir war, als gäbe es da eine Wunde, die nicht verheilen konnte und schon bei bloßer Berührung zu schmerzen begann. Jede drängende Frage wäre eine Roheit gewesen, die sich von selbst verbot. Diese Einstellung mag einem Zeitgefühl, das es sich zur Aufgabe gemacht hat, im Rundfunk und Fernsehen auch dem Privatesten schonungslos »nachzufragen«, recht altmodisch vorkommen. Die diesem Zeitgeist huldigen, sollten über diese Einstellung weniger lachen als sich vielmehr ernst fragen, ob mit dieser Verfahrensweise an den Tag zu bringen sei, was im Innern der Menschen wirklich vorgeht. Eine gültige öffentliche Meinung schaffen sie nicht.

Paller lernte ich erst nach dem Ende der *Frankfurter Zeitung,* Anfang 1944, durch Frau Wikullil-Freiler im Presseklub für Auslandsjournalisten kennen. Paller war bereits in Uniform, vor seiner Einberufung war er Chef vom Dienst in der Redaktion des Wiener *Tagblatt* gewesen. Der Klub war im prachtvollen Palais Schönborn in der Renngasse untergebracht. Frau Freiler besorgte dort mit Geschick das Amt einer Hausdame. Sie war die Witwe eines Arztes, der an der russischen Front gefallen war. Vor ihrer Heirat war sie ebenfalls als Journalistin tätig gewesen. Der Klub hatte die Journalisten des befreundeten und neutralen Auslands zu betreuen, und da es davon nur noch wenige gab, wurde er auch nur von wenigen Leuten besucht. So bot er sich geradezu als eine Art von Zuflucht für jene an, die im Bereich der Macht leben mußten, mit ihr aber nichts zu tun haben wollten. Er wurde von einem Baron Du Prel geleitet. Dieser stammte aus Bayern und war, obgleich Reichsleiter für auswärtige Presseangelegenheiten, ein kultivierter Mann, von dem, im Gegensatz zu anderen hohen Funktionsträgern, keinerlei Bedrohung ausging.

Der Anlaß und die Umstände, die zum Verbot der *Frankfurter Zeitung* geführt hatten, mußten ihm bekannt sein. Um so auffallender war die Art, wie er Rudolf Kircher und mich anderen und vor allem parteibekannten Journalisten vorzog. So hatte ich bald herausgefunden, daß er dem Butler des Klubs, einem alten Engländer, der seit Jahren in Wien ansässig und mit einer Österreicherin verheiratet war, den Auftrag gegeben hatte, uns auch dann mit Wein zu versorgen, wenn für die anderen keiner ausgegegeben wurde. Bestimmt wußte er über Kircher und mich mehr, als uns beiden lieb sein konnte, dennoch war sein Verhalten zu uns durchaus wohlwollend. Er änderte sein Verhalten zu mir auch dann nicht, nachdem er von meiner Verhaftung erfahren hatte und ich nach meiner Einziehung zum Militär mehrmals im Klub erschien, um mich dort mit Paller und Otto Häcker zu treffen. Wir waren in Uniform, Häcker war Hauptmann, Paller Unteroffizier und ich gemeiner Soldat.

Sein Verhalten zu mir ist mir bis heute ein Rätsel geblieben. Ich habe mich mit ihm nie länger unterhalten, aber selbst in den kurzen und spärlichen Begegnungen waren Duldung und Wohlwollen unverkennbar. War mir da etwas entgangen, der heimliche Schmerz etwa, daß er auf eine falsche Karte gesetzt hatte? Unmittelbar vor dem Einmarsch der Russen in Wien hat er Selbstmord verübt.

War ich bei Du Prel nie ganz sicher, ob er mich durchschaut hatte oder nicht, so brauchte ich mich darüber bei Frau Freiler in keine Mutmaßungen zu verlieren. Sie wußte alles von Paller und mir, und das scheint mir heute in Anbetracht ihrer Position keine geringe Last gewesen zu sein. In der beharrlichen und zugleich geschickten Art, mit der sie andere Gäste von unserer Tischrunde, von Paller, Dubrovic, Häcker und mir, entfernt zu halten wußte, war die Nervösität unverkennbar.

Otto Häcker war bald nach dem Anschluß aus dem sogenannten Altreich in die neugetaufte Ostmark versetzt worden. Man erwartete von ihm, er werde aus der Redaktion des Wiener *Tagblatt* endgültig den liberalen Geist vertreiben, der dort ohnehin nur noch in Restbeständen vorhanden war. Diese Relikte innerhalb eines Redaktionskollegiums, das dem Verlust der Eigenstaatlichkeit mit Leitartikeln und Kommentaren genauso zugejubelt hatte wie die imposante Menge auf dem Heldenplatz mit Geschrei und Handaufreißen, hießen Heinz Paller und Milan Dubrovic. Kenner der internen Situation von damals mögen imstande sein, noch einige Namen anzufügen. Ich kann es leider nicht.

Otto Häcker nun war ein klassischer Mißgriff der damaligen Pressepolitik. Fanatiker der Rassenlehre sind nun einmal gezwungen, sich an äußere Merkmale zu halten, und nach diesen entsprach Häcker fast in allem dem Typ des »nordischen Edelmenschen«, fähig also, die österreichischen Pressenazis die neudeutschen Mores zu lehren. Sein innerer Habitus widersprach dem äußeren und somit auch dem Auftrag, der ihm mitgegeben wurde.

Er war alles eher als ein Nazi. Man kann sich geraume Zeit anders geben, als man in Wirklichkeit ist, für immer gelingt das nicht. Den sich ansammelnden Schwierigkeiten entzog er sich schließlich durch die freiwillige Meldung zum Militärdienst. Es mochte ihm leichter fallen als anderen, denn schon im Ersten Weltkrieg hatte er es bis zum Hauptmann gebracht. Bei unserem letzten Zusammentreffen in Bonn, viele Jahre nach seiner Wiener Zeit, wollte ich ihn fragen, was ihn damals bewogen habe, einen solchen Auftrag anzunehmen. Da er beträchtlich älter war als ich, fand ich nicht den Mut dazu. Mochte es Leichtsinn gewesen sein, Abenteuerlust oder auch nur die gebotene Möglichkeit, bedrängenden Verhältnissen zu entgehen, den wirklichen Grund habe ich nie erfahren. Ich fand es auch nicht so wichtig, denn er war, alles in allem genommen, ein beherzter, gescheiter und ehrenwerter Mann.

Mit Häcker war Siegfried Melchinger nach Wien gekommen. Er übernahm im *Tagblatt* das Feuilleton. Er war nicht viel älter, aber weitaus kenntnisreicher als ich. Der tiefe Ernst, der über sein ansprechendes Gesicht gelegt war, machte Eindruck, hielt mich aber auch auf Distanz. Ich erinnere mich nicht, ihn jemals lachen gesehen oder gehört zu haben. Was in Welt und Zeit vorging, war ernst, schwer und traurig genug, es lag nicht in meiner Natur, es noch ernster und bedrückender zu machen. Wie immer es in mir auch aussehen mochte, so bemühte ich mich doch vor anderen, jeder einfallenden Verdüsterung Herr zu bleiben und mich an die Helligkeit des Tages zu halten. Es lag also wohl an der Gegensätzlichkeit unserer Temperamente, daß ich mit Melchinger bis zum Einmarsch der Russen nur selten zusammentraf. Er blieb danach noch einige Jahre in Wien, nach vielen Seiten hin tätig und emsig bemüht, die österreichische Staatsbürgerschaft zu erlangen. Nach Deutschland zurückgekehrt, hat er sich mit seinen Betrachtungen über Wesen und Geschichte des Theaters weithin bekannt gemacht. Aber noch war er in Wien, und ich sollte nach dem Einmarsch der Russen noch einiges mit ihm zu tun bekommen.

Mein letztes Zusammensein mit Paller in Uniform war im Presseklub und ist insofern erwähnenswert, als es bei gleicher Grundhaltung zu der fürchterlichen und wohl niemals ganz zu fassenden Existenz des Nationalsozialismus doch Unterschiede in Wesen und Charakter aufdeckte. Wir waren allein, Häcker war abkommandiert worden, wir wußten nicht, wohin, Milan Dubrovic hatte dem Vernehmen nach ein Bein im Gipsverband, die Russen hatten Ungarns westliche Grenze bereits überschritten und näherten sich der Stadt. Für jeden, der auch nur einen Funken Verstand und Wirklichkeitssinn besaß, war das Ende des Nationalsozialismus gekommen, zumindest in diesem Kampfbereich. Paller teilte mir mit, es habe sich aus Soldaten und Zivilisten eine Widerstandsgruppe gebildet. Sie nenne sich »O5« und verfolge die Absicht, noch vor dem Einmarsch der Russen in Wien die wichtigsten Ämter und Befehlsstellen zu besetzen. Er habe sich dieser Gruppe zur Verfügung gestellt, in der Überzeugung, es sei notwendig, einen Kampf um die Stadt zu verhindern oder ihn wenigstens abzukürzen. Es sei ein Akt der Freiwilligkeit, deshalb fordere er mich auch nicht auf, mitzutun. Er wolle nur wissen, was ich davon halte.

Die Nachricht überraschte mich, ich hatte vom Vorhandensein einer solchen Gruppe nichts gewußt. Wohl aber hatte ich ihm in vorangegangenen Gesprächen deutlich zu verstehen gegeben, was ich von Sinn und Nutzen solchen Widerstands hielt und wie gering ich dessen Wirkung im Verhältnis zu den Opfern einschätzte. Heute, nach mehr als dreißig Jahren und da so viele gescheite Leute, die jene Zeit nicht erleben mußten und sie nicht aus eigener Anschauung kennen, trotzdem so genau wissen, wie sich meine Generation in ihr hätte verhalten sollen, will ich in Ruhe wiederholen, was ich damals Paller geantwortet habe:

Sein Verhalten ehre, aber belaste mich auch. Doch würde ich nicht mittun. Jede kämpferische Aktivität sei zu diesem Zeitpunkt unnütz und keines Menschenopfers wert. Die Alliierten stünden an der Schwelle zum Sieg, keine Tat derjenigen, die unter Hitler zu leiden hatten, werde diesen Sieg beschleunigen, wäre sie noch so heroisch und groß. Sie habe auch keinen Symbolwert. Und nichts werde sie an dem Verdikt ändern, das über den ehrlosen Verlierer längst gefällt sei. Ich wisse, wie nahe ich jetzt dem Begriff der persönlichen Feigheit komme, doch möge er wenigstens meine Aufrichtigkeit respektieren. Ich habe keine Schuld auf mich geladen, das wisse er, trotzdem würde ich in der Gemeinschaft jener Schmach leben müssen, die nach dem Jubel im Jahr 1938 auf uns lasten werde. Wer könnte denn erwarten, die Weltöffentlichkeit würde nach diesem Jubel Österreich als überfallenes Land anerkennen, wie etwa Polen, die Tschechoslowakei oder Jugoslawien? Der Spruch sei gesprochen, ein zusätzliches Opfer werde nur der Kosmetik einer späteren Nachrede dienen. Dafür sei es mir zu schade. Was wir in den kommenden Tagen notwendig haben würden, sei ein rückhaltloses Einbekenntnis von Irrtum und Schuld, sei ein Abraham a Sancta Clara und kein Barde des Widerstands.

Paller widersprach, er schüttelte den Kopf. Das Jahr 1945, sagte er, sei nicht mehr das Jahr 1938, die Lage habe sich entscheidend verändert, die Menschen auch. Sie seien durch eine namenlose Schule des Leidens gegangen . . .

Nun war es an mir, den Kopf zu schütteln.

Ich möge trotzdem aufmerksam bleiben. Zu gegebener Zeit würden in der Nacht drei weißglühende Feuerkugeln aufsteigen. Das sei das Signal, Treffpunkt der Stephansplatz. Ich könne es mir immer noch überlegen.

In den folgenden Nächten, auf dem Dach des Hauses in der Weißgerberstraße, beobachtete ich den allmählich ermattenden Feuerspuk des Krieges, von den weißglühenden Feuerkugeln, die der Freund angekündigt hatte, war nichts zu sehen. Weshalb sie nicht abgeschossen wurden, blieb mir unbekannt. Ich habe auch nie danach geforscht. Ich fühlte mich nur erleichtert. Die Erleichterung ging bis zum Grund meiner Seele, die eine durchaus zivile ist. Denn so ganz sicher war ich meiner Sache doch nicht. Das Ausbleiben des Signals ersparte mir das Dilemma, entweder dem Freund zu folgen oder nach eigener Einsicht in meinem Versteck zu bleiben. Die Erleichterung war grenzenlos.

Mir ist das Leben weder von Hitler noch von Stalin geschenkt worden, auch keine politische Ideologie hatte an dem Wunder, das jedes neue, ins Licht drängende Leben darstellt, mitgewirkt. Und wer nicht zum Haudegen geboren und Herr über seine Person ist, bleibe jedem Schlachtplatz fern. Er wird den Antrieb zu einer außergewöhnlichen Tat immer nur in einer verzweifelten Situation empfangen können, in einem seelisch aufgeregten Zustand, außerhalb seiner Sinne gewissermaßen, und immer nur allein. Wahres Heldentum, jeder Bewunderung allezeit wert, schließt die Verwirrung der Sinne aus.

Ich war kein Held. Ich war ein ziviler Mensch, mit allen Sinnen dem Lebendigen zugewandt, dem Licht und dem Morgen. Jeder Tag war mir neu und nicht nur eine Abfolge der Zeit. Leiden und Verlust waren mir nicht fremd, aber ich liebte das Lachen der Menschen und ihren Gesang. Das Funkeln der Gräser im Morgenlicht, das Flüstern des Winds im abendlichen Weinberg waren mir freundliche Gegenwart und liebe Erinnerung zugleich. Ich wollte endlich statt des Dröhnens der Bombenflieger das Geläut von Kirchenglocken hören und die Augen zum reinen Himmel erheben, dankend dafür, daß alles, der Krieg und das Morden, vorüber sei, endgültig und für immer.

Nun stand er also wieder vor mir, Wochen nach jener Unterredung, und zum ersten Mal nicht in Uniform. Auf seinem dunklen Anzug, adrett in allem und sauber, lag ein kaum wahrnehmbarer Hauch von Staub. Es war der nur allmählich sich auflösende Rest von Zerfallenheit, der immer noch über der teilweise zerstörten Stadt wie eine graue, durchsichtige Wolke schwebte. Die Freude, ihn zu sehen, drängte die boshafte Frage nach den ausgebliebenen Feuerkugeln zurück. Sie wurde niemals ausgesprochen, auch in den folgenden Jahren nicht.

Paller war voll von Energie und Zuversicht. Er teilte mir mit, daß er demnächst nach Graz übersiedeln werde, um dort die Redaktion der *Neuen Zeit* zu übernehmen. Es war die Tageszeitung der steirischen Sozialistischen Partei.

Die Mitteilung überraschte mich. In den vielen vorangegangenen Gesprächen waren wir uns in der strikten Ablehnung des herrschenden Regimes einig gewesen, aber mit keinem Wort hatte er jemals seine Bindung zur aktiven Politik erwähnt. Ich hatte ihn stets für einen jener Nationalliberalen gehalten, die ich auch in Deutschland angetroffen hatte, in August Dresbach etwa oder in Paul Sethe. Ihre Anschauung war nicht die meine, aber ich hatte für sie in ihrer menschlichen Ausprägung eine besondere Schwäche empfunden. Die Herrschaft Hitlers hatte sie in zwiefachem Sinn gequält: sie führte nicht nur zur Unmenschlichkeit, sie war auch die Verzerrung und Beschmutzung des Bildes von Deutschland, das sie, durch Geburt, Erziehung und Geschichte geprägt, in ihrem Inneren treulich aufbewahrten.

Er hatte mir Brot und Käse in das Haus am Morzinplatz geschickt, in dessen Keller ich von der Gestapo vor der Einziehung zum Militär festgehalten war; er war ohne Bedenken das Risiko eingegangen, auf mein längst abgelaufenes militärisches Reisepapier den Stempel seiner Kompanie aufzudrücken, jeden Tag einen – und ich sollte so wenig wissen von ihm, nichts von seiner Bindung an eine politische Partei, seiner Beziehung zur aktiven Politik? Kein Wort darüber vernommen und nichts gemerkt?

Ich fühlte mich gekränkt und betrogen, und zugleich wußte ich, daß dies eine lächerliche Empfindung war, nichts weiter als verletzte Eitelkeit. Jedenfalls wußte ich weit weniger von ihm als er von mir; und ich wollte doch so gerne von jedem alles erfahren, wie ich auch gerne und oft unaufgefordert von mir erzählte, von meiner Kindheit bei den sozialdemokratischen Kinderfreunden, meiner Zugehörigkeit zur Sozialistischen Arbeiterjugend, von meiner kindlichen, aber niemals nachlassenden und die Jahre überdauernden Verehrung für Anton Afritsch und Michael Schacherl, diese ehrenhaften und so menschlich gesinnten Männer in der politischen Landschaft, aus der ich hervorgegangen bin, von der ich mich da und dort gelöst habe, ohne jemals die Treue zum Ganzen zu verlieren. Ich war im Grunde niemals eitel gewesen, wenngleich immer selbstbewußt, und war's auch lächerlich, jetzt fühlte ich mich gekränkt und betrogen.

Er hatte stets gerne zugehört, wenn ich von Kindheit und Jugend erzählte, von Ausflügen und Heimabenden, von Spiel und Gesang, und zuweilen war mir dabei, als glänzte in seinen schwachen Augen die Sehnsucht auf nach etwas, das er selbst in seinen Kinderjahren nicht erfahren hatte, denn waren wir auch arm gewesen und einschließlich der Eltern unansehnliche Leute, so waren wir insgesamt doch froh und glücklich gewesen, und das

Glück ist nicht in Pacht oder Besitz der Reichen und Vornehmen allein. Doch jetzt, da er mir erzählte, es sei Adolf Schärf gewesen, der Vorsitzende der Sozialistischen Partei, der ihn im Einvernehmen mit Reinhard Machold, dem steirischen Landesvorsitzenden, überredet habe, diese Stellung anzunehmen, fragte ich den Himmel und mich selbst, ob ich denn im letzten Jahr und in der Beziehung zu ihm wie in einem luftleeren Raum gelebt hatte, in den nichts eingedrungen war, weder Wort noch Bild. Seine Bindung an diese Partei mußte fest geknüpft sein, anders war die Bestellung zum Chefredakteur einer Parteizeitung nicht zu erklären. Und wann war sie geknüpft worden? Im Geheimen und Illegalen? Ich konnte mir, bei allem, was ich von ihm wußte, einfach nicht vorstellen, es könne dies noch vor dem Unheilsjahr 1934 geschehen sein. Denn bis dahin war er, wie er einmal erzählt hatte, Redakteur der *Freien Stimmen* in Klagenfurt gewesen. Und das war ein großdeutsches Blatt.

Der Gedanke, er habe mir weniger anvertraut als ich ihm, war nicht zu verscheuchen, und war es auch seine Geschichte, die er nach seinem Belieben mir erzählen konnte oder nicht, so fühlte ich mich im Augenblick doch schmerzlich hintergangen. Oder er war sich meiner in Fragen der Politik nicht ganz sicher und hielt mich für das, was man einen unsicheren Kantonisten nennt.

Aber war das eine Frage der Politik allein? Im sogenannten Dritten Reich stand man nicht vor politischen Fragen. Ich erinnerte mich an Benno Reifenberg: Hier stehe man vor einer sittlichen Entscheidung, hatte er gesagt, und ich konnte ihm nur aus vollem Herzen zustimmen.

Oft habe ich darüber nachgegrübelt und dabei versucht, meine Verletzlichkeit auszuschalten. Jedes Ergebnis war ein Notbehelf, zureichend war keines.

Den Verlust der österreichischen Eigenstaatlichkeit

habe ich in Graz erlebt. Dort war es kein Einbruch von außen, es war ein Aufbruch von innen, ausbrechend wie Lava, unaufhaltsam wie eine talwärts rasende Lawine. Im Augenblick war die wohnliche Stadt in ein Tollhaus verwandelt. Noch regierte Schuschnigg, doch hier war davon nichts mehr zu verspüren, endloser Jubel beidseits der Straßen begleitete die aufmarschierenden uniformierten Kolonnen, und die wenigen, die wahrlich kleine Minderheit, diese wenigen unter vielen, sie waren in namenloser Vereinsamung und sahen mit stumpfer Verzweiflung nach den Angebern, die geschäftig durch die Straßen wischten und auf diesen oder jenen zeigten, der in diesem grenzenlosen Jubelgeschrei stumm geblieben war. Soweit sie nicht in Haft genommen wurden, waren sie zu lähmender Resignation verurteilt, zu einer entwürdigenden Mimik.

Ich kann es wohl einen besonderen Glücksfall nennen, daß ich bald darauf in den Redaktionsverband der *Frankfurter Zeitung* aufgenommen wurde. Auf dieser Insel der Rechtschaffenheit gab es keine Nationalsozialisten, nicht in der Gesinnung und nicht eingeschrieben in ein Buch. Die Vereinigung dieser Männer in solcher Zeit hatte nicht der Zufall geschaffen. Für mich, der ich direkt aus Graz kam, war sie neben der Wohltat für Geist und Seele auch ein Anlaß, verwundert darüber zu sein, daß sie überhaupt möglich war, wie denn das Normale für den, der in pervertierten Zuständen leben muß, ein Anlaß zum Staunen ist, weil das Einfache und Natürliche, der geradsinnige Mensch, längst aus dem Blick gerückt ist.

In dieser Vereinigung war die Frage nach der politischen Vergangenheit des einzelnen überflüssig, wenn nicht gar ungehörig. Im Schatten einer brutalen Macht, die im Denken und Handeln nur eine, die ihr gemäße Uniform zuläßt, ist jeder, der die Vielfalt beachtet und Nuancen anerkennt, humaner Freiheit verpflichtet und braucht nicht erst gefragt zu werden, was ihn vor dem Heraufkommen dieser Macht politisch bewegt habe. Sie bildet bei denen, die sie nicht anerkennen, die unter ihr leiden müssen, eine Solidarität aus, deren Regeln nicht von politischen Vorstellungen, sondern allein von der Rechtschaffenheit der Person geschrieben werden. Toleranz wird zum wärmenden Element und entwickelt einen Menschensinn, der den Horizont auch noch der dunkelsten Tage zu erhellen vermag. Meine feste Zuversicht, es werde dieser wärmende und belebende Menschensinn auch dann bleiben und dauern fort und fort, wenn der Druck der Gewalt von den Menschen genommen sein werde, hat sich leider nicht erfüllt. Er wäre das eigentliche Erbe der Diktatur für die wiedergewonnene Freiheit gewesen, von den Überlebenden mit Vernunft zu gebrauchen.

So hatte mich nach den in Frankfurt gewonnenen Erfahrungen, als ich Paller kennenlernte, nur wenig angefochten, was er früher getan haben und gewesen sein mochte. Es genügte mir vollauf, daß er kein Nationalsozialist war. Doch konnten Gespräche, in denen wir uns hypothetisch vorzustellen versuchten, was nach dem grausigen Spuk kommen werde, nicht ausbleiben. Wie bei solchen Mutmaßungen immer, wußte keiner etwas Genaues darüber zu sagen, doch wohin sie sich auch bewegen mochten, in einem unterschieden wir uns grundsätzlich: Paller glaubte an die Kraft und Macht der politischen Parteien und leitete daraus eine Kontinuität ab, die von Hitler nicht wirklich habe gebrochen werden können. Ich glaubte nicht daran. Er hielt Hitler für einen Unglücksfall, der nicht vorauszuberechnen war, ich hielt ihn für eine Folge politischer Parteienhybris. Er blieb fest in der Meinung, die Parteien würden aus dem Unglücksfall eine Lehre ziehen, ich konnte es nur hoffen. Er glaubte an eine Mechanik des Fortschritts, ich konnte darüber nur mitleidig lächeln. Damit provozierte ich manchen Ausfall gegen mich, und darin war ein gelinder Hochmut des Akademikers gegen das Widerstreben eines Autodidakten nicht zu überhören.

Es kränkte mich nicht. Denn auch ich fühlte mich im Recht, wenn ich der Überlebenskraft der früheren politischen Parteien insgesamt mißtraute. Gelegentlich bemerkte ich wohl auch, sie hätten, eben weil sie Hitler zugelassen hatten, das Überleben gar nicht verdient. Wenn ich anfügte, sie hätten durch Eigensinn und falsche Machtvorstellung sich selber um ihre Lebenskraft gebracht, ihre politische Substanz sei aufgezehrt, schüttelte er den Kopf und meinte, ich sei nicht ganz von dieser Welt. Es sollte Geringschätzung ausdrücken.

Zumindest in dieser Sache. Vielleicht war dies der Grund, weshalb er mich nicht für würdig hielt, mich in seine Beziehung zur aktiven Politik einzuweihen.

Die nachfolgende Entwicklung hat ihm recht gegeben, nicht mir, er durfte sich einen Realisten nennen und mich einen »Hans-guck-in-die-Luft«. Doch bezweifle ich, daß er auch die Wahrheit in der Realität erkannt hat. Nach dem ausgestandenen Schrecken verlangte sie von den politischen Parteien eher Zurückhaltung als sofort einsetzende Aktivität. In einer solchen Pause hätte die Frage nach der eigenen Schuld zugleich auch einen Prozeß der Läuterung einleiten können. Niemand wird mir einreden können, diese Frage sei jemals ernsthaft gestellt worden. Die Ausnahmen waren Tropfen auf einen heißen Stein.

Es war so leicht, in der wiedergewonnenen Freiheit den Nationalsozialismus anzugreifen und zu verdammen, jede geschriebene und gesprochene Norm sittlichen Verhaltens kam der Verdammnis zu Hilfe. Ich habe das Meine dazu getan, und es war nicht genug. Doch graut mir davor, ansehen zu müssen, wie man mit dem Nationalsozialismus eine Mauer des Schreckens aufrichtet, hinter der Platz geschaffen wird für neue Verbrechen gegen den Menschen. Die Tugend kennt nur ein Maß, wer das Recht teilt, zerbricht es, und die schwarzen Brillen, die man sich vor die Augen legt, löschen das Wirkliche nicht aus.

Die demokratische Welt hat es nach 1945 versäumt, jene Irrtümer einzubekennen, die Hitler erst möglich gemacht haben. Mit dieser bequemen Flucht ins Verschweigen begann eine Phase der Hilflosigkeit, die eine oft zu Unrecht empörte Jugend gegen die Generation ihrer Väter so gründlich auszunützen wußte.

Bevor ich Paller in dieser Aufzeichnung aus den Augen verliere, will ich ihn noch einmal an mich herankommen lassen, mit seinem auf- und niederwippenden Gang, aus dem Courage herauszulesen war und auch Herausforderung.

Die letzten drei Jahrzehnte seines Daseins verlebte er in seiner Vaterstadt Graz. Den Erfolg seiner Redaktionsführung verdankte er seinem Mut, der angebornen Fairneß und seiner inneren Aufgeschlossenheit, die ihn befähigte, die Last seines Herkommens ohne Groll oder Bitternis abzustreifen und tapfer den Schritt in Neuland zu wagen. Mit Reinhard Machold, dem Vorsitzenden der Landespartei und erfahrenen Pragmatiker in Politik und Verwaltung der Steiermark, hat er sich gut verstanden. Mit dessen weitreichender Hilfe überwand er manches Vorurteil, das ihm anfangs begegnete. So gelang es Paller schließlich, aus einem einzig den Interessen seiner Partei dienenden Blatt eine Zeitung zu machen, die sich materiell, was bald eine Seltenheit sein wird, aus sich selber erhielt und auch von Leuten gelesen wurde, die nicht unbedingt zur Anhängerschaft der Sozialistischen Partei zählten.

Gemeinsam mit Franz Stockbauer, der bis zu seinem frühen Tod den Verlag geleitet hat, und Hans Hellmer, diesen beiden älteren Freunden aus meinen Jugendtagen, hat er gleich nach seinem Beginnen in Graz darauf gedrängt, daß ich ihm folge. Meine Ablehnung hat er nicht verstanden und auch nie ganz überwunden. Auf unsere Freundschaft hat das keinen Schatten gelegt.

Viel später, als er auch in seiner Partei die ebenso lächerliche wie verderbliche Tendenz zu erkennen glaubte, die sonst billigen Patrioten vorbehalten bleibt, nämlich sich mit der regionalen Eigentümlichkeit in der gemeinsamen Sprache auch geistig von Deutschland abzugrenzen, hat er um meine Hilfe gerufen. Ich habe sie ihm gern gegeben. Unsere Auffassungen von Leben und Welt gingen oft auseinander, aber keinem wäre eingefallen, Unvereinbares zu verdecken oder mit Gewalt zu vereinen. Seine bürgerliche Höflichkeit, sein nobler Charakter hätten das nicht zugelassen.

So blieben wir durch die Jahre verbunden. Er starb 1976, als ich mich in Deutschland aufhielt. So blieb mir der letzte Freundesdienst versagt.

Vorbereiten

Mein Vater war Maurer. Als Kind hörte ich ihn sagen: Wer ein Haus baut, muß fest das Fundament legen, aber zuerst den Schutt wegräumen. Diese einfache Maurerweisheit schien mir auch für den Wiederaufbau des Staates nützlich.

Wohin es mit uns gekommen war, lag in Trümmern vor aller Augen. Woher es kam, war mit dem gleichen flüchtigen Blick nicht wahrzunehmen. Lag ein Teil der Schuld nicht auch bei jenen, die vor Hitler, Dollfuß und Schuschnigg Politik gemacht hatten? War die Schuld auch gering, sie müßte freigelegt werden, bevor man sich da und dort die alten Parteikappen über den Kopf stülpte. Das Selbstmitleid einer in Ruinen hausenden Nation war kein geeigneter Baustoff. Es verführte zu Ausreden, zur Lüge, zum Schein. Das Selbstmitleid war keine Hilfe.

So dachte und empfand ich, als ich mich auf den Weg zu einer Besprechung über die Herausgabe einer Zeitschrift machte. So wollte ich es auch aussprechen.

Die Besprechung fand im zweiten Stock des Hauses Kärntner Ring 17 statt. Ihm gegenüber lag das Hotel Imperial, wo die russische Besatzungsmacht sich einquartiert hatte.

Die Einladung kam von Dr. Gustav Künstler. Wer ihn auf mich aufmerksam gemacht hatte, weiß ich nicht mehr. Bis dahin wußte ich nichts von ihm, auch nicht vom Hörensagen. Er hatte Kunstgeschichte studiert, jetzt leitete er den Berglandverlag. Wie lange schon, wußte ich ebenfalls nicht.

Der Verlag gehörte zum Elbemühlkonzern, und dieser

wiederum war im Besitz des regierenden Fürsten von Liechtenstein. Dessen Vermögen in Österreich verwaltete der frühere Finanzminister Otto Juch. Mit ihm und dem Prinzen Ulrich, einem Bruder des regierenden Fürsten, hatte ich nur einmal zu tun, am Ende meiner Tätigkeit. Es war zugleich auch das Ende der Zeitschrift.

Von diesem wirtschaftlichen Hintergrund erfuhr ich erst nach und nach, ohne es eigentlich wissen zu wollen. Wie leicht ich das alles nahm, mag der Hinweis verdeutlichen, daß ich bei meinem Eintritt in die bald darauf gebildete Redaktion nicht auf einem schriftlichen Vertrag bestand. Inzwischen sind mir die Zusammenhänge von wirtschaftlicher Macht, Presse und deren Unabhängigkeit längst klar geworden.

Natürlich war es nicht Naivität allein, was mich in so anscheinender Sorglosigkeit auf ein neues Feld stolpern ließ, mehr noch war ich von der Zuversicht getragen, es werde in naher Zukunft die *Frankfurter Zeitung* wieder erscheinen. Und so könne denn alles, was man mir hier anbieten werde, nicht mehr sein als eine willkommene Übergangslösung.

Ich habe das nirgendwo und niemandem verschwiegen, denn inzwischen waren auf abenteuerlichen Wegen Briefe aus Deutschland angekommen, die meine Zuversicht und Erwartung auch objektiv begründeten. Die Absender waren Mitglieder der alten Redaktionsgemeinschaft, die vom Verbot der Zeitung durch Hitler wie von einer Zentrifuge auseinandergerissen und da oder dorthin geschleudert worden waren. In allen Briefen stand die gleiche Hoffnung auf ein aktives Zusammenfinden in naher Zeit, und besonders stark war sie ausgedrückt im Brief von Wendelin Hecht, der die Zeitung mit Mut und Geschick durch alle Wirrnisse und Gefährdungen bis zu jenem allerhöchsten Verbot geführt hatte.

So glich ich denn in allem einem Läufer kurz vor dem

Start. Ich wartete auf das erlösende Signal des Startrichters, doch es kam und kam nicht, bis ich spät, sehr spät erkennen mußte, von einer Illusion genarrt worden zu sein.

Es war nicht die letzte, in die ich mit vollen Segeln, das Boot mit bunten Wimpeln geschmückt, hineingefahren bin. Illusionen waren für mich wie eine wohltätige Krankheit, die erst dann zu peinigen beginnt, wenn sie allmählich schwindet und sich schließlich ganz in Luft auflöst. In mir verborgen muß es einen Virus geben, den Bewußtseinshelle nicht anzuleuchten vermag. Immer wieder lockt er sie an, und selbst jetzt, im Alter und geschunden genug, kann ich nicht dafür einstehen, ob ich Welt und Menschen in ihrer Gesamtheit so sehe, wie sie wirklich sind. Nur für das einzelne kann ich bürgen, für das Detail und die Person. Und ebenso dafür: wer oder was immer mich von der Illusion befreite, nähme mir zugleich Freundlichkeit für die Welt und Wohlwollen fürs Menschenwesen.

So webten denn Phantasie und Vorstellung an dem Zauberteppich, der mich geradewegs durch die Lüfte in die alte Redaktionsgemeinschaft der *Frankfurter Zeitung* tragen sollte, und das Zimmer im Haus Kärntner Ring 17 erschien mir nur wie ein vorläufiger Landeplatz. Es war ein Tag Mitte Mai 1945, anwesend waren Gustav Künstler, Milan Dubrovic, Georg Fraser, Rudolf Weiß und Siegfried Melchinger, und wiederum war ich der jüngste in einem Kreis, in dem man sich über die Herausgabe einer Zeitschrift den Kopf zerbrach.

Von den Anwesenden kannte ich nur Milan Dubrovic wirklich gut. Er muß es gewesen sein, der die Verbindung zu Gustav Künstler hergestellt hatte. Ich mochte ihn, aber da war ich nicht allein, ich glaube, es mochten ihn alle, die mit ihm in Berührung kamen. In seinem Wesen gab es keine Kanten und Ecken, seinem natürlichen Charme war kaum zu wiederstehen. Hätte ich ihn mir gelegentlich bei strittigen Fragen, die aus der Aktualität unaufhörlich hervorgehen und beantwortet werden müssen, entschiedener gewünscht, fester im Auftreten, so stellte ich diesen Wunsch sofort zurück, sobald ich ihn vor Augen hatte. Ich kapitulierte einfach vor der Liebenswürdigkeit seiner Person. Es wurde mir nicht schwer gemacht, denn im Grunde gab es zwischen uns keine ernsthaften Gegensätze.

Außer Wickenburg und Thalmann, die erst im Januar 1946 in die Redaktion eintraten, hatte er von den augenblicklich Anwesenden die größte journalistische Erfahrung. Seine Kenntnis der örtlichen Verhältnisse in ihren mir ungewohnten Verstrickungen, Verschlingungen und Gewundenheiten, des dort eingenisteten Cliquenwesens und der damit gebotenen Rücksichtnahmen da und dort war unüberbietbar. Es gab kaum einen besseren Kenner der Wiener Szene, der sich zugleich von ihren Verlokkungen und Verführungen in allem freizuhalten wußte. Wo sie mich zuweilen in lodernde Wut versetzte, da stand er ihr gelassen und souverän gegenüber. Ich konnte mich mit ihr nicht abfinden.

Er hat die Zeitschrift früher verlassen, als mir lieb sein konnte und ihr dienlich war. Die Verlegenheit, mit der er mir bekanntmachte, er werde dem Ruf Ernst Moldens folgen und in die wiedererstandene *Presse* eintreten, bezeugte die Treue in seinem Wesen, die Redlichkeit seines Charakters. Wie sehr habe ich ihn und seine unwiderstehliche Neigung, wieder in einer Tageszeitung zu arbeiten, damals verstanden!

Die *Presse* erschien zunächst nur wöchentlich. Es war selbst Ernst Molden mit seinen weitreichenden Beziehungen nicht möglich, die nötige Menge Papier für eine Tageszeitung zu besorgen. Molden hatte mit seiner Frau, der bedeutenden Lyrikerin Paula von Preradovic, drangvolle Jahre zu überstehen. Von ihr hatte ich schon als ganz junger Mensch gehört. Es war Hans Leifhelm, der mir ihre Gedichte zu lesen gegeben hatte.

Nach dem Tod Ernst Moldens übernahm Milan Dubrovic die redaktionelle Leitung der *Presse*. Inzwischen war sie längst wieder Tageszeitung geworden. Sie hatte einige ausgezeichnete Mitarbeiter wie etwa Hans Mauthe, der die Innenpolitik beobachtete und sie aus liberaler Betrachtungsweise unauffällig, aber souverän kommentierte. Mit dem Nachfolger des Herausgebers hatte Dubrovic Differenzen. Eines Tages kam er spät abends zu mir, um sich darüber auszureden, und ich habe an seiner Entscheidung, als Presseattaché an die österreichische Botschaft nach Bonn zu gehen, wohl einigen Anteil. Wir haben uns dort einige Male getroffen. Seine Beliebtheit war allgemein, sprichwörtlich und weitreichend.

Siegfried Melchinger war in den planenden Gesprächen die treibende Kraft. Sein unablässig produzierender Geist zauberte einen Themenvorschlag nach dem andern in die Diskussion. Ausgeführt hat er keinen. Es war nicht Mangel an Beharrlichkeit. Die schwierige Lage, als deutscher Staatsbürger sich inmitten der aufbrechenden infamen Deutschfeindlichkeit behaupten zu müssen, verstärkte seine ohnehin nervöse Unrast bis zur Gehetztheit. In dem verzweifelten Bemühen, einen festen Standort zu gewinnen, suchte er nach allen Seiten hin Anschluß und Schutz. Er glaubte, ihn eher in einer politischen Partei zu finden als in einer erst entstehenden Zeitschrift, die keine politische Kraft hinter sich hatte. Das bedingte allerdings sein Ausscheiden noch vor dem Erscheinen des ersten Heftes.

Ebenfalls deutscher Herkunft, aber bereits österreichischer Staatsbürger war Georg Fraser. Noch vor dem Machtantritt der Nationalsozialisten hatte er in Wien einen Theaterverlag geleitet. Bald nach dem Anschluß wurde er verhaftet und fast zwei Jahre lang im Konzentrationslager Dachau festgehalten. Er war Mitglied der Widerstandsbewegung O5, über die er mir genausowenig Auskunft zu geben wußte wie Heinz Paller. Sie hatte sich nach den Kämpfen in Wien im Palais Auersperg installiert, sich aber bald, ohne in der Öffentlichkeit besonders aufzufallen, in aller Stille aufgelöst. Fraser war ein freundlicher Mann und trotz der schrecklichen Erlebnisse in Dachau ohne Verbitterung. Nachdem er für die Zeitschrift zwei Aufsätze geschrieben hatte, bekam er seinen Verlag zurück und schied ebenfalls aus.

Doktor Rudolf Weiß hatte mit Hans Weigel und anderen noch vor dem Anschluß Österreichs an Deutschland das Kabarett »Literatur am Naschmarkt« gegründet. Während Hans Weigel in die Schweiz emigrierte, blieb Rudolf Weiß in Wien, obschon er mit einer Jüdin verheiratet war. Dabei hielt er sich keineswegs zurück. Er wurde der Initiator und Hausautor des Kabaretts »Wiener Werkl«, das sich während der Nazizeit durch seine witzigen und zugleich mutigen Anspielungen auf das Dritte Reich und seine Methoden beliebt zu machen wußte. Seine Begabung, politisch verfilzte Zustände durchsichtig zu machen und der Lächerlichkeit preiszugeben, war stupend. Ich habe eine von diesen Darbietungen besucht. Es war ebenso amüsant wie erstaunlich, daß er ohne große Schwierigkeiten durch das Regime gekommen war.

Seinen Vornamen hatte ich niemals anders als in der Koseform »Rudi« aussprechen gehört. So überraschte es, daß er im ersten Aufsatz, den er vorlegte, voll ausgeschrieben war. Doch bin ich mir nicht sicher, ob er so dagestanden ist oder ob ich beim Redigieren darauf gedrungen habe, ihn so auszuschreiben, wie er im christlichen Kalender zu lesen ist.

Meine Aversion, Neigungen und Vorlieben, die im Privaten durchaus erlaubt sein mögen, auch ins Öffentliche zu bringen, grenzt zuweilen an Prüderie. Sie hatte mich, etwa drei Jahre vor meiner Begegnung mit Rudolf Weiß, dazu verführt, in einer Gesellschaft in Heidelberg den Professor Willi Hellpach laut zu fragen, weshalb er mit der Koseform seines Vornamens in der Öffentlichkeit auftrete und sogar als »Willi« gegen Hindenburg um das Präsidentenamt des Deutschen Reiches kandidiert habe. Wenige Minuten vorher hatten wir in bester Laune miteinander ausgefochten, wer von uns beiden imstande sei, den Namen des arabischen Dieners von Kara ben Nemsi schneller und ohne Fehler auszusprechen. Als frohgemuter Gewinner glaubte ich mich zu dieser Frage berechtigt, und auch die zusätzliche Bemerkung schien mir erlaubt, Karl May habe sich auch nicht »Karli« genannt, und schließlich sei Wilhelm doch ein schöner Name, nicht umsont habe Goethe ihn für den Helden seines Erziehungsromanes gewählt.

Ich hätte es lieber unterlassen sollen. Die Frage, in guter Laune und wohl auch in der Überzeugung gestellt, man werde in der Öffentlichkeit nicht ernst genommen, wenn man nicht mit vollem Namen auftritt, war das, was man einen Fauxpas nennt. Die rundum fröhliche Stimmung war merkwürdig gedämpft, ich vermeinte sogar, bei einigen ein leises Erschrecken festzustellen, und so war ich denn nicht ganz unvorbereitet, die frostige Antwort des sonst herzlich warmen Mannes anhören und hinnehmen zu müssen: »Auch wenn ich's erklärte, Sie würden's doch nicht verstehen, junger Mann.« Der Tadel mochte berechtigt sein, ja, ich hatte ihn verdient, doch hat mich die Zurechtweisung nie erfahren lassen, ob er als Wilhelm oder als Willibald in die Gemeinschaft der Getauften eingeführt worden war. So war es denn auch in meinen Augen keine wirklich nützliche Belehrung.

Doch war der Professor Willi Hellpach ein weithin bekannter Mann, als Forscher und Lehrer ebenso wie als

Politiker, wenngleich er damals froh sein mußte, daß die offiziellen Behörden ihn vergessen hatten, denn er war ein liberaler Mann, alles eher als ein Nationalsozialist, und hierin war er wieder dem Doktor Rudolf Weiß vergleichbar, dessen Bekanntschaftsgrad kaum über Wien hinausreichte. Weiß war klein gewachsen, noch kleiner war seine Frau, ein pummeliges, immer lustiges Menschenkind, was erstaunen ließ und zugleich Bewunderung abnötigte, bedachte man die Schrecken und Bangnis, die Angst und Verzweiflung, die sie bis vor kurzem noch auszuhalten gehabt hatte, durch sieben lange Jahre. Ich habe nie danach gefragt, wie es den beiden gelungen war, sich durch dieses verabscheuungswürdige Elend hindurchzubringen, es genügte vollauf, sie jetzt so heiter vor Augen zu haben. Das allein schon machte ihn mir aller Ehren wert, wie ich denn überhaupt meine, es sind diese oft übersehenen menschlichen Beispiele, die den Zank der gelehrten Politologen und Zeithistoriker über jene Zeit überflüssig machen. Und ihre vielen Tagungen, Kongresse und Symposien dazu.

Ich habe sie also niemals darüber ausgefragt. Auch der sogenannten objektiven Neugier sind Grenzen gesetzt. Die Beschreibung menschlicher Bedrängnis für die Öffentlichkeit rechtfertigt sich nur dann, wenn die verwandelnde Kraft der Kunst ein Menetekel ins Gewissen der Mitlebenden brennt. Sonst verkommt die Neugier zur Sensationsgier, und diese ist ebenso abscheulich wie die verabscheuungswerte Tat.

Vor sich auf dem Tisch hatte Rudolf Weiß einige Schachteln stehen. Die eine war bis zum Rand mit Zigarettenstummeln gefüllt. Und während über Themen und Probleme der neuen Zeitschrift diskutiert wurde und er sich lebhaft daran beteiligte, griff seine linke Hand nach einem Stummel; mit der Nagelschere in der rechten schnitt er ihn knapp am Aschenrand durch und ließ den so gewonnenen Tabak in die andere Schachtel fallen, nachdem er zuvor auch das Papier aufgeschlitzt hatte. Er bewies darin eine ungemeine Fertigkeit, und ebenso geschickt waren seine Finger, wenn er den Tabak in die Stopfmaschine preßte und damit die leeren Hülsen füllte. Die boshafte Frage, ob er die Stummel auf der Straße eingesammelt habe, erwiderte er mit feiner Ironie, es gebe da mehrere Ober, die sie für ihn im Kaffeehaus einsammelten. Die Kleinigkeit, die er dafür auslege, stehe in keinem Verhältnis zu den Zigarettenpreisen auf dem Schwarzmarkt.

Wie recht er damit hatte! Kurz danach saßen Max Fellerer, der Rektor der Hochschule für angewandte Kunst, der Zoologe Otto Storch, den die Nazi gleich nach ihrem Machtantritt von der Universität Graz entlassen hatten, Milan Dubrovic und ich im unzerstörten Café Rebhuhn. Der Ober, der Dubrovic gut kannte, bot Zigaretten an, das Stück um sechs Reichsmark. Es war ein horrender Preis und der Ankauf angesichts unserer finanziellen Lage sorgsam zu bedenken. Doch keiner konnte widerstehen, jeder kaufte eine. Mit solchem Behagen haben wir später keine Zigarette mehr geraucht. Das Glücksgefühl kam nicht vom augenblicklichen Genuß allein, es strömte aus tieferen Gründen zu: mit jedem Zug an der lang entbehrten Zigarette atmeten wir auch die lang entbehrte Freiheit ein.

Gewiß, wir hätten, durch den Mangel begünstigt, uns das Rauchen auch abgewöhnen können. Und so manches andere auch: den vollen Becher, den bittenden Blick zum Mädchen und die anderen Freundlichkeiten des Lebens, die uns der listige Adam von altersher einzureden weiß. Die Apostel der Entsagung wissen, wie man gegen ihn am besten angehen kann. Doch sind wir nicht auf die Erde gekommen, um nach Tabellen zu leben und uns einen Heiligenschein zu erwerben. Dafür hat uns Gott nicht gemacht. Er kann es besser und tut's mit Milde, Güte und ohne Neid. Und für's Entsagen schenkt er uns die Erinnerung, ohne die jedes menschliche Dasein leer bleibt und ohne Macht.

Auch Rudolf Weiß ist nicht lange in der Redaktion geblieben. Das Theater lockte und mehr noch das vielgeliebte Kabarett, zu dem ich zeitlebens nur schwer einen Zugang finden konnte. Wir trafen uns nur noch selten, die Sympathie füreinander blieb jedoch ungeschwächt. Die letzte Begegnung ist mir unvergessen: sie war zufällig und ereignete sich auf der Straße. Weiß war in Begleitung von Berthold Viertel, der im Burgtheater *Richard III.* inszenierte. Er redete lebhaft auf ihn ein, Viertel neigte ihm sein Patriarchenhaupt gütig zu. Als sie mich erblickten, hoben beide die Hand und winkten mir zu. Und so will ich den einen wie den andern in Erinnerung behalten.

Mit der ersten Besprechung war es nicht getan. Es folgten noch viele weitere. Es galt, einer Lizenzerteilung von der russischen Besatzungsmacht und den damit verbundenen Auflagen auszuweichen. Der Verlag hatte dafür nur wenig »Freiheitsraum«, wie man heute zu sagen pflegt, er war in die »Zwänge« der politischen Situation eingeklemmt. Doch da zu befürchten ist, niemand werde aus solchen Worten die wahre Lage erkennen, muß mit ein wenig Anschaulichkeit nach der alten Manier ausgeholfen werden.

Noch waren die Russen in Wien die alleinigen Herren. Die Aufteilung in vier Besatzungszonen nach dem Muster ganz Österreichs war noch nicht vollzogen, der im Ablauf eines Monats erfolgende Wechsel der Kommandogewalt von einer Besatzungsmacht zur anderen lag in der Ferne des kommenden Herbstes, noch der ganze Sommer lag dazwischen. Der bürokratische Apparat, den die Russen für unerläßlich hielten, um das österreichische Volk politische Mores zu lehren, war im Hotel

Imperial untergebracht. Der Name war im Zusammenhang mit der Besatzungsmacht und den Zielen, die sie vorgab, auf der Zunge auszukosten, er war so pikant wie sinnfällig. In dieser noblen Behausung nun waren viele Russen tätig, alle trugen Uniform und bekleideten militärische Ränge wie etwa der Major Goldenberg oder der Hauptmann Axelrod.

Ich kannte nicht nur ihre Namen, ich hatte auch einige Male mit ihnen zu tun. Wäre mir in ihrer Gegenwart jemals eingefallen, den Namen des Hotels mit der Macht, die sie repräsentierten, in eine lose Beziehung zu bringen, hätte das keine Wirkung gehabt. Auch die erzkonservative Auffassung, sie verkörperten die politische und militärische Zensur, hätten sie entrüstet zurückgewiesen, der erstere mit finsterem Grimm, Hauptmann Axelrod mit höflichem Lächeln. Nein, sie dienten nur dem Frieden und dem menschlichen Fortschritt und hatten nur darauf zu achten, daß in den schläfrigen Gehirnen der Wiener nicht der Hang zu einem neuen Chauvinismus geweckt werde.

Von keinem der beiden war die Lizenz für eine neue Zeitschrift zu erwarten, auch wenn es in ihrem Ermessen gelegen wäre. Major Goldenberg jedenfalls hätte auch die ihm gemäßen Themen und Autoren mitgeliefert. Er war mager, hochgewachsen, in seinen asketischen Gesichtszügen hatten Milde und Freundlichkeit keine Zuflucht gefunden, wie eine angriffslustige Spinne saß er im Netz seiner finsteren Ideologie. Ohne Größe verkörperte er die Hoheit des mitleidlosen Siegers. Monate später sollte er bei einer von ihm einberufenen Pressekonferenz in Oscar Pollak, der aus London zurückgekehrt war, seinen Meister finden. Der Major hatte manches an der Presse zu beklagen, auszusetzen und mit donnernder Stimme anzuklagen. Es war ein Genuß, mitzuerleben, wie der unerschrockene Oscar Pollak jede unangemessene Forderung des arroganten Siegers mit glasklaren Argumenten zurückwies, bevor er aufstand, den Saal verließ und damit die Konferenz aufhob. Unter seiner Führung hatte die *Arbeiter-Zeitung* das damals geläufige Epitheton ornans »Die Zeitung, die sich was traut«, redlich verdient. Ich habe, obschon ganz mit der Redaktion der Zeitschrift befaßt, bereits in ihrer zweiten Nummer einen kleinen Aufsatz veröffentlicht.

Hauptmann Axelrod wiederum war als Person das genaue Gegenteil von Major Goldenberg. Klein und rundlich gewachsen, war er höflich im Benehmen, freundlich im Gespräch und emsig bemüht, die österreichischen Presseerzeugnisse aus dem Schatz seiner approbierten Aufsätze über die Vorzüge der Sowjetunion zu beschenken. Er war auch bemüht, privat ins Gespräch zu kommen, seinen, wie ich vermute, lang gefaßten Plan, noch während seiner Wiener Tätigkeit abzuspringen, wußte er dabei geschickt zu tarnen. Es ist ihm gelungen; er lenkte dem Vernehmen nach in Paris ein Taxi, während sein vorgesetzter Major in Wien immer noch Gift und Galle gegen die unbotmäßige Presse spuckte. Von dem reichen und wiederholten Themenangebot Axelrods hat die Zeitschrift nur einen Aufsatz über Armenien angenommen und im Januar 1946 veröffentlicht. Meine nachträgliche Hoffnung, der Aufsatz sei wenigstens ein Fädchen für sein gut gestricktes Tarnungsnetz gewesen, war groß.

Aber noch lange vorher war es schließlich Oskar Maurus Fontana gewesen, der uns vermeiden half, bei den Russen um eine Lizenz anzusuchen. Die Begegnung mit ihm verdankte ich Milan Dubrovic.

Fontana war ein kenntnisreicher Mann von mildem Wesen, als Theaterkritiker, obgleich ohne boshafte Schärfe, hoch angesehen. Ernst Fischer, der aus Moskau herbeigeeilt war, um in der provisorischen Regierung Renner als Unterrichtsminister am Minoritenplatz zu agieren, hatte ihn gebeten, dort vorübergehend die Theater- und Verlagsangelegenheiten zu bearbeiten. Vom persönlichen Verhältnis des älteren Fontana zu Ernst Fischer ist mir wenig bekannt, es schien eher von einer flüchtigen Bekanntschaft aus vordiktatorischer Zeit herzurühren. Für die politischen Ambitionen des Jüngeren hatte er nur Spott übrig, wie man sich ihn denn überhaupt nicht als Anhänger einer politischen Doktrin hätte vorstellen können. In der Ablehnung dieser politischen Ambitionen ging er freilich nie so weit wie ich, der ich mit den Thesen und ihrer zweifellos glanzvollen rethorischen Interpretation zugleich auch den Mann ablehnte. Denn ich habe niemals das Elend vergessen können, das er mit seinen geschliffenen Reden zuzudecken wußte. Sein Ende als Schoßhündchen ahnungsloser, kulturbeflissener Bürger scheint mir mehr als verdient. Sein Glanz war Katzensilber und Flittergold.

Fontana erinnerte daran, daß der Verlag bereits eine Zeitschrift mit dem Titel *Die Bühne* herausgegeben hatte. Sie habe sich zwar ausschließlich mit Kulissentratsch befaßt, mit der Ausschmückung von halbwahren Geschichten über Bühnen- und Filmlieblinge, aber jetzt könne man sie als eine Art Alibi benützen. Halte man am Titel fest oder füge man ihm nur ein Wort hinzu, sei es keine neue Zeitschrift. Die Ermächtigung zur Wiederbelebung einer alten liege in der Ingerenz seines Amtes. Man brauche sie dann nur dem Major Goldenberg oder dem Hauptmann Axelrod vorzuweisen. Und er bekräftigte seinen Einfall mit der Ausfolgung des begehrten Dokuments.

Die alte Zeitschrift war zweifellos eine Hypothek für die neue. Doch hatte Fontana recht. Es lag an uns, schon mit dem ersten Heft diese Hypothek abzutragen. Mit der Einfügung „Wiener“ vor dem alten Titel war zugleich die Erweiterung des Themenkreises angedeutet.

Die großen blauen und etwas vorgewölbten Augen strahlten Zuversicht aus. Sein Körper strotzte trotz der Magerkeit von Elan und Arbeitslust. Mager waren wir damals alle, doch war die Magerkeit von Gustav Künstler anderer Art als etwa die meine. Ihn schien ein leerer Magen nicht zu peinigen, wie er denn überhaupt mehr Geist als Körper war.

Ich hatte vorher nie etwas von ihm gelesen, ich wußte überhaupt nicht, daß er neben seiner Tätigkeit als Verleger auch ein Schriftsteller war. Nun ging er diese Mission mit Leidenschaft an, seine Unrast trieb ihn auf alle Felder der Kultur. In der Folge schrieb er über Theater, Musik und Literatur, über Malerei und bildende Kunst, über Ballett und die charakteristischen Merkmale zurückliegender Kunstepochen. Er betrieb das alles mit beträchtlichem Wissen; mit unwiderstehlicher Neigung, das Sichtbare zu ergründen und zu erklären, durchstreifte er die gegenwärtige und die weit in vergangene Zeit zurückreichende Kulturlandschaft.

War es wirklich Lust, was ihn antrieb, oder mehr die nervöse Unrast eines Menschen, der etwas verloren hat, das er nur in sich selber finden kann, und der nun außerhalb seiner Person nach einem metaphysischen Halt sucht? Lust kommt aus vollen Sinnen, aus innerer Ausgeglichenheit, sie hat Zeit, was allein schon eine Tugend ist, und kennt nicht das Laster der Ungeduld. Immer mehr gewann ich den Eindruck, seine ausgeprägte Spiritualität habe die naive Sinnenfreude ganz und gar aufgesogen. So wuchs zwischen ihm und mir fast unmerklich eine Barriere, die weder der eine noch der andere überschreiten konnte.

Ich las seine Aufsätze im Manuskript. Das war meine Pflicht. Ich las sie, nachdem sie in der Zeitschrift erschienen waren, und das war nicht immer ein Vergnügen. Eher regte sich in mir der Verdruß, da sei etwas, das man trotz strenger Pflichterfüllung nicht hatte aufhalten können. Es war das Unbehagen, das man immer dann empfindet, wenn man sehen und hören muß, wie da einer das Rechte einer Sache verkündet, die für ihn zu groß ist. Man kann ihn nicht widerlegen, obgleich man Zeuge ist, wie die Sache auf der Strecke bleibt. Ich erlebte auf hoher intellektueller Stufe, was ich bereits als Kind in der Schule erfahren mußte, wenn uns der Lehrer erklärte, zwei *und* zwei ergebe ebenso vier wie zwei *mal* zwei.

Er hatte den Mut der Verwegenheit, er schreckte vor nichts zurück. Einmal, in einer ruhigen Stunde, sagte er, sein höchster Wunsch, seine innigste Sehnsucht sei, auf einer großen Bühne den *Hamlet* zu inszenieren.Ich sagte nichts, nickte nur und vertraute insgeheim der unbezwingbaren Überlebenskraft Shakespeares.

Unterredungen, Gespräche, Konferenzen, die der Planung galten und etwas vorbereiten sollten, haben mich stets gelangweilt, ich konnte ihnen beim besten Willen nichts abgewinnen, wie ich denn in Gegenwart anderer, auch noch so lieblicher Menschen nie habe eine Zeile schreiben können. Selbst wenn ich allein war, fiel es mir schwer, den Anfang zu einer Arbeit zu finden, zu ersinnen. Er mußte mir einfallen. Jedes Beginnen war eine Qual.

So kam mir der Mann sehr gelegen, den die Sekretärin während eines solchen Gespräches in den großen Raum geleitete, in dem die Konferenzen stattfanden, und ihn mit dem Bemerken, er möge sich ein wenig gedulden, in der diagonal gegenüberliegenden Ecke Platz nehmen ließ. Alsbald löste ich mich von der beratenden Gruppe, ohne ihr sonderlich abzugehen. Ich stellte mich dem Mann vor und fragte nach seinem Wunsch. Er war älter als ich, etwa mittelgroß, die Freundlichkeit in seinem rundlichen Gesicht machte ihn mir sogleich ungemein sympathisch. Auch ihm war es mit mir so ergangen, hat er später zu anderen und mir selbst gesagt.

Er heiße Lajos von Horvath, erwiderte er, und habe gehört, der Verlag plane die Herausgabe einer Zeitschrift. Er sei Zeichner, habe in München am *Simplizissimus* mitgearbeitet und möchte sich nun erkundigen, ob es hier für ihn etwas zu tun gebe. Aus der mitgebrachten Mappe nahm er einige Blätter heraus und legte sie mir vor. Sie zeigten Szenen vom Rückzug seiner Division im Winterkrieg 1942 in Rußland. Ich war kein Kenner, ich brauchte auch keiner zu sein, um die eisige Kälte zu verspüren, die mir aus diesen Blättern entgegenwehte, die Verzweiflung, den Hunger und das elende Sterben. Es war eine Geschichte ohne Pathos, ohne Lärm, einfach und bezwingend, Klage und Anklage zugleich. Es war seine eigene Geschichte, ohne Selbstmitleid erzählt und deshalb gültig für alle.

So legte er mir ein Blatt nach dem andern vor. Ich glaube nicht, daß ich ein Wort dazu gesagt habe, es gab wohl auch nichts zu sagen; wenn irgendwo, dann war hier das Einverständnis im Schweigen die rechte Antwort. Wir kamen dann auf Persönliches zu sprechen. Er sagte ohne Umschweife, seine materiellen Mittel seien beschränkt, er sei auf Honorare für seine Arbeiten angewiesen, deshalb sei er hier.

Es ist mir dann gelungen, ihn mit einem Monatspauschale an die Zeitschrift zu binden. Nach Oskar Laske, Friedrich von Zülow und Paul Flora zeichnete er die beiden Mittelseiten, mit unterschiedlichem Erfolg, zuweilen mußte ich ihn gegen Einwände von berufener Seite abschirmen. Es war meine Pflicht, ihm angesichts der besonderen Lebensbedingungen auch dann beizustehen, wenn ihn die Stunde und der Tag nicht gesegnet hatten.

Einmal in der Woche spielten wir Schach, leidlich nur, aber mit Leidenschaft. Oft trafen wir uns auch im Wirtshaus. Wie sein Bruder Ödön zog Lajos die kleinen Beisel vor. Dann erzählte er von ihm, von Kindheit und Jugend, von den gemeinsam verbrachten Tagen in München und Murnau, von Ödöns Flucht vor den Nazis und seinem unglücklichen Tod in Paris in dem Augenblick, als sich für den Emigranten eine gewisse materielle Sicherheit abzuzeichnen begann. Vom Begräbnis und der Verabschiedung durch Franz Werfel, Walter Mehring und Carl Zuckmayr, während der beste Freund, Franz Theodor Csokor, den Verlust in Polen beklagen mußte. Er zeigte mir die *Legende vom heiligen Trinker* von Joseph Roth, für die er den Umschlag gezeichnet hatte und die mit den Worten endete: »Gott gebe uns allen, uns Trinkern, einen so leichten und schönen Tod.«

In der Brusttasche des von einem Baum erschlagenen Bruders fand man die ersten Seiten eines Romans, den er in der Emigration zu schreiben begonnen hatte. Er sollte *Adieu Europa* heißen. Das Fragment war ein Dokument weher Heimatlosigkeit. Ich habe es im zweiten Heft der Zeitschrift, im September 1945, veröffentlicht:

»Während ich schreibe, höre ich draußen das Meer.

Denn mein Haus steht am Ufer.

Und das Meer will über das Ufer, es brandet und braust, und der Sturm springt über das Dach, als wäre die Welt ein Märchen.

Das ist zwar nicht mein Dach, unter dem ich da sitze und schreibe, es gehört einem alten Fischer, und ich hab' nur ein Zimmer gemietet, aber man sagt halt so, daß einem das Haus gehört, wenn man drinnen wohnt. Mir gehört eigentlich nichts. Nur der Koffer und eine alte Schreibmaschine – und ohne diese könnt' ich kaum leben, denn die gehört zu meinem Beruf.

Ich bin nämlich Schriftsteller, aber trotztdem geht's mir nicht schlecht. Ja, ich bin sogar in einer ausgesprochen glücklichen Lage, denn einer der angesehensten

Verleger hat einen Vertrag mit mir abgeschlossen. Jetzt habe ich endlich Gelegenheit, ruhig arbeiten zu können, da ich der brennenden Sorge um das tägliche Brot enthoben bin. Ich hab' mein Bettchen und mein Süppchen. Vorerst zwar nur für ein halbes Jahr, aber heut' will ich nicht weiter denken. Ich lasse die Zukunft verschleiert und konzentriere mich mit Haut und Haar auf meine Arbeit. Ich habe die Stadt verlassen, hier in der Einsamkeit wird mir schon was einfallen. Hier bin ich mit mir allein, und es stört mich nur mein eigener Schatten. Ich schreibe ein Theaterstück.

Ob es ein Trauerspiel werden wird oder ein Lustspiel? Ich weiß es nocht nicht. Ich hab' einen guten Einfall, eine alltägliche Liebesgeschichte in höchstens vier Akten. Aber ich seh' noch keinen richtigen Schluß. Soll die Frau sich vergiften oder nicht?

Und was mach' ich mit dem Mann? Vielleicht wäre es doch besser, wenn sie am Leben bliebe, obwohl ich ein Realist bin.

Viele Pläne gehen durch meinen Kopf, und das leere Papier ist so schrecklich weiß. Aber hier in der Einsamkeit wird sich schon alles herauskristallisieren.

Ich liebe das Meer.

Es kommt mit neuen und neuen Wellen, immer wieder, immer wieder – und ich weiß noch nicht, ob es ein Lustspiel werden wird oder ein Trauerspiel.

Gestern war der Sturm noch stärker. In der Nacht sind die Netze zerrissen, und ein Kahn kam nicht mehr zurück. Vielleicht taucht er auf übers Jahr mit schwarzen Segeln und fährt als Gespenst über die Wasser ohne eine Seele . . .

Ich weiß es noch nicht.«

Ödön von Horvaths zwei Romane, *Jugend ohne Gott* und *Ein Kind unserer Zeit*, waren in Amsterdam erschienen, im Querido-Verlag, der sich der deutschen Emigrantenliteratur angenommen hatte. Es gab ihn nicht mehr. Lajos von Horvath teilte mit Wera Lissem, der Braut Ödöns, die Rechte. Ich meinte, es müßte mit den Romanen geschehen, was dem Autor versagt geblieben ist, die Heimkehr, sie müßten nun hier erscheinen. Der Verlag der Zeitschrift brachte die beiden Bände heraus. Sie wurden kaum beachtet.

Dann kam die Zeit, da man Ödöns Theaterstücke überall spielte, und Lajos von Horvath sagte zu mir: »Du siehst, jetzt ernährt mich mein Bruder aus dem Grab.«

Er konnte sich am Erfolg seines Bruders nicht lange erfreuen. Im Sommer 1968 haben wir ihn begraben.

Proporz

Die *Wiener Bühne* erschien im August 1945. Sie war das erste periodisch erscheinende Druckerzeugnis österreichischer Provenienz in Wien. Die vor ihr herausgebrachte *Österreichische Zeitung* braucht in diesem Zusammenhang nicht erwähnt zu werden. Sie führte zwar den Namen des Landes im Titel, wurde aber ausschließlich von Angehörigen der russischen Besatzungsmacht hergestellt. Mit ihr hat auch Hugo Huppert die österreichische Kulturszene betreten.

In jungen Jahren und noch vor den politischen Ereignissen, die Österreich zuerst die Demokratie und dann die Eigenstaatlichkeit kosteten, war er nach Rußland emigriert. Was er dort getrieben hat, blieb bis auf seine Übertragung der Dichtungen Majakowskis meiner Vorstellung überlassen. Diese Arbeit jedenfalls machte Eindruck. Ansonsten hat der kluge Mann in meinem Dasein keine Spur hinterlassen. Ich streife ihn nur deshalb, weil er einmal zu mir gekommen war, allerdings nicht allein deshalb, um mir ein Kompliment über die Zeitschrift und ihre Schreibweise zu machen. Mehr noch lag ihm an, mich davor zu warnen, gegen die Besatzungsmächte, insbesondere gegen die russische, einen so gewagten Ton anzuschlagen.

Unter dem Titel *Die progressive Intellektuellen* hatte ich einen Aufsatz veröffentlicht, der sich gegen das ebenso falsche wie verderbliche Spiel der sogenannten »Friedensfreunde« wandte, die sich zum ersten Mal in Breslau, das jetzt Wroclav genannt wurde, zu einer Konferenz zusammengefunden hatten. Ihre Thesen und

Vorwürfe sind bekannt, sie haben sie im Lauf der Jahre bis zum Überdruß wiederholt. Damals jedenfalls hatte es begonnen. Der Aufsatz provozierte Bruno Frei zu einem »Offenen Brief« gegen mich, der im *Österreichischen Tagebuch*, der kommunistischen Kulturzeitschrift, zwei Seiten füllte. Niemand sonst schlüpfte so gern in ein österreichisches Gewand, um gegen das Land Politik zu machen.

Der gescheite Hugo Huppert warnte mich also. Es könnte mir leicht passieren . . . und er schilderte mir im großen und ganzen wohl das, was bald darauf mit ihm selber geschehen sollte: Ohne Angaben von Gründen wurde er plötzlich festgenommen, mit nichts als der Aktentasche unterm Arm auf den Flugplatz gebracht und nach Moskau geflogen. Dort hielt man ihn weiter fest, bis er nach Georgien, der engeren Heimat seines politischen Idols, abgeschoben wurde.

Viele Jahre später wieder nach Wien zurückgekehrt, hat er mir von den Jahren in Georgien erzählt, von seinen literarischen Arbeiten dort und einer georgischen Faust-Dichtung, nichts aber über Anlaß und Begründung seines gewaltsamen Abtransports, seiner Verhaftung und Verfrachtung. Ich wollte es gar nicht wissen, Anteil und Bedauern wären verschwendet gewesen, denn der Vorgang mit seiner ganzen Dauer hatte in seinem Sensorium ebensowenig Spuren hinterlassen wie er als Person in meinem Lebensgang. Er war der glaubensstarke Kommunist geblieben, und immer noch schreibt er so wie früher, es sei die Freiheit ein unabdingbares Menschenrecht, das nur in der Sowjetgesellschaft, unter der Fahne mit Hammer und Sichel, verwirklicht werden könne.

So kann mir denn auch kein Mensch einreden, es gebe in unserer nüchternen Welt keine Wunder mehr. Dies ist eines, wenn auch ohne Märchenglanz und nur für den Verstand der Erwachsenen. Kindern allerdings wird es kaum etwas geben. Noch zu keiner Zeit haben sie die Prügelstrafe geliebt und herbeigesehnt.

Ich bin mit der kleinen Geschichte etwas vorausgeeilt und habe doch nichts eingeholt. Noch war das erste Heft der Zeitschrift nicht erschienen, als mich eines Morgens Leopold Thaler aufsuchte. Seit den gemeinsam im Keller verbrachten Tagen hatten wir einander nicht mehr gesehen, und doch waren inzwischen viele Wochen vergangen. Es schien, als hätte er seit damals an Gewicht und Bedeutung zugenommen.

Wir hatten in dem kleinen Hof, nicht weit von der Mordmaschine, die ein Zyniker im Gegensatz zur Orgel Gottes Stalinorgel getauft hat, einen Toten eingegraben. Wir waren mit drei russischen Soldaten, die den Auftrag hatten, das Haus von unten bis oben zu durchsuchen, durch alle Wohnungen gegangen, und während mich, den mitbefohlenen Zivilisten (»Du und du – mitkommen«, hatte es Thaler und mir über den erhobenen Zeigefinger zugezischt) die Angst plagte, man könnte bei der Gelegenheit meine sorgfältig versteckte Uniform entdecken, erblickten sie in Thalers Wohnung auf einer Stellage eine Reihe von Gläsern mit eingemachtem Kernobst, Kirschen, Weichseln und Marillen. Rasch trat einer der Soldaten hinzu, ergriff ein Glas, bohrte mit dem gestreckten Zeigefinger ein Loch in die pergamentene Hülle und riß es sodann zur Gänze auf. Genüßlich schob er eine Frucht nach der anderen in seinen Mund und spuckte die Kerne einfach auf den Boden.

Es war ihm anzusehen, wie sehr die wohl lang entbehrte Kost ihm schmeckte, und so taten es ihm die beiden anderen sogleich nach. Der Vorgang gefiel mir, es war, als hätte sich ein Stück Menschlichkeit in ihr ödes soldatisches Treiben eingeschlichen, aber ich hatte leicht lachen, die Früchte gehörten nicht mir, der wirkliche Besitzer geriet denn auch durch diese Einlage außer sich, wie ein wütender Terrier fuhr er auf die Soldaten los und kläffte sie an, das da seien seine Früchte, die alte Mutter habe sie sich vom Mund abgespart. Doch die Soldaten verstanden kein Wort von dem, was er da in gerechter Entrüstung heraussprudelte, sie lachten nur gutmütig und schoben sich weiterhin eine Frucht nach der andern in den Mund, wobei sie die Kerne unbekümmert auf den gepflegten Boden spuckten.

Thaler, immer noch wütend, ging indes zum Bücherschrank und holte ein Buch hervor, so schnell und sicher, daß in mir der Verdacht entstand, er habe es für diesen oder einen ähnlichen Fall bereitgehalten. Er kam damit zurück und hielt es den lachenden und speisenden Soldaten unter die Nase. »Hier«, sagte er, »hier, Sie sollen sehen«, er sei ein »Towarisch«, ein Genosse, doch die Soldaten schüttelten nur lachend den Kopf, ließen sich's weiter gut schmecken und spuckten die Kerne aus.

So schmerzlich es auch für einen linken Politologen sein mag – was Thaler vorzeigte, war *Das Kapital* von Karl Marx. Und dem Himmel sei's geklagt, ich kann auch hieran nichts ändern: In dem Augenblick, als Thaler das Zimmer betrat, dachte ich als erstes an die Einmachgläser, die schmausenden Soldaten und an seinen gerechten Zorn, ganz unbewußt und ohne eine Spur von Bosheit, wie denn das Komische, ist es einem ausgestandenen Schrecken beigemischt, sich zuerst aus der Erinnerung hervorwagt, als lächelnder Bote einer wiedergekehrten Zuversicht.

Thaler war als Mandatar und Funktionär seiner Partei gekommen, und das hatte ihn gegen früher etwas verändert, eine leichte Würde schien wie Leuchtstoff über ihn ausgegossen. Sie erhellte, machte aber auch etwas steif und unbeweglich. Doch geht es wohl allen so, die ein höheres Amt bekleiden. Sie empfangen mit ihm auch die höheren Weihen und scheinen wie von unsichtbarer

Hand gesalbt. Nur Künstler, was immer sie treiben mögen mit Feder, Pinsel oder Meißel, scheinen von solcher Behandlung ausgenommen.

Er habe mich während der Kellertage als einen freiheitlich gesinnten Mann kennengelernt. Ich sei, wie er wisse, Journalist, und er schlage mir vor, in die Programmleitung der Ravag einzutreten. Dort seien bis zum Ende der Republik nur Leute von der Christlichsozialen Partei tätig gewesen wie Guggenberger und Henz, Übelhör und Roth-Limanowa. Nun habe die Sozialistische Partei wieder Einfluß gewonnen, und sie sei entschlossen, ihn mit Vernunft zu benützen.

Ich hatte mit dem Rundfunk bis auf eine Ausnahme niemals zu tun gehabt. Die Ausnahme war im Jahr 1937 die Einladung des Grafen Wilhelm Pace gewesen, im Grazer Rundfunk meine Begegnung mit Heinrich Lersch zu schildern und einige selbstverfaßte Gedichte vorzulesen. Eines der Gedichte war einem Mädchen gewidmet, die Widmung mit vollem Namen ausgesprochen. Das Mädchen hatte es gefreut, seine bürgerlichen Eltern entsetzt, und so war mir die Lesung insgesamt schlecht bekommen. Ich erzählte das Thaler, um meine Unerfahrenheit mit dem Rundfunk auf scherzhafte Art deutlich zu machen.

Es machte keinen Eindruck, es rührte ihn nicht. Nein, sagte er, das seien Lappalien, Erfahrungen könne man immer machen, er verlasse sich nicht nur auf unsere Gespräche damals im Keller, er habe erst unlängst mit Josef Afritsch über mich gesprochen, er wisse von meiner Herkunft, von meiner Kinderfreunde-Zeit und daß ich als Jugendlicher sozialistische Bildungsarbeit geleistet hätte. Ich hätte den Verlockungen des Ständestaates und des Dritten Reichs widerstanden, und das alles sei die Ursache, weshalb er überzeugt sei, ich wäre der richtige Mann.

Josef Afritsch oder Beppo, wie ihn die Älteren nannten, war mir seit den Tagen, da er von Graz nach Wien gezogen war, ganz aus den Augen geraten, und das war viele Jahre her. Und als Thaler meine »sozialistische Bildungsarbeit« erwähnte, zuckte ich etwas zusammen. Schon damals war mir klar geworden, daß Kultur sich nicht in »proletarische« und »bürgerliche« aufteilen läßt, und seit meinen Frankfurter Jahren glaubte ich auch den Stern benennen zu können, der auf diesem Weg allen mit gleichem Licht voranleuchtet. Aber ich sagte nichts, ich hörte nur zu, denn es war insgesamt eine freundliche Verkündigung, lieblich anzuhören für den, der gern das Honigwasser des Lobes schlürft; und warum soll ich nicht eingestehen, daß es mir auch heute noch mundet.

Aber da war auch etwas beigemischt, das mir weniger schmeckte und mich insgeheim sogar verdroß. Ihm gehe es, sagte Thaler, vor allem darum, im Sonntagsprogramm eine Einrichtung zu installieren, die als eine Art weltlicher Morgenfeier ein Gegenwicht zu den rein kirchlichen Veranstaltungen bilde. Er habe dafür bereits vorgearbeitet und mit Henz und Übelhör die Sendezeit ausgehandelt. Beide Herren seien auf meinen Besuch vorbereitet, es bedürfe nur noch meiner Zustimmung.

Ich war kein Kirchgänger, es verlangte mich nicht nach Tröstung aus priesterlichem Mund, ich vermeinte, Gott auch außerhalb der Kirche finden zu können. Aber was mich stets abgestoßen hat, war der Kampf gegen die Kirche, die Rohheit, die sich darin ausdrückte, der gemeine und dumme Spott gegen den sogenannten Betbruder. Die Kirche und ihre Diener hatten sich mit wenigen Ausnahmen gegen die Unmenschlichkeit des Nationalsozialismus zu behaupten gewußt, und ich war nicht wenigen Menschen begegnet, die in dieser Zeit nachhaltigen Trost und aufrichtende Kraft aus ihrer Glaubensgebundenheit hatten schöpfen können.

Aber auch das war es nicht eigentlich, was mir Unbehagen bereitete. Thaler war, so viel hatte ich bereits herausgefunden, von Wesen und Charakter her nicht der Mann, der eine plumpe Propaganda gegen die Kirche einleiten wollte, und ebenso gewiß war, daß er eine solche auch von mir nicht erwartete. In leichte Unruhe versetzt war ich vielmehr durch die Sicherheit, mit der hier außerhalb einer Institution für sie etwas geplant, vorbereitet und entschieden wurde. Ich kannte niemand von den Leuten, die von Thaler mit Namen genannt wurden, weder Guggenberger noch Henz, weder Übelhör noch Roth-Limanowa. Doch die Tatsache allein, daß sie schon lange im Rundfunk tätig waren, ließ einen durch Erfahrung gewonnenen Sachverstand vermuten, und wenn ich etwas in Frankfurt gelernt hatte, so war es der Respekt, der diesem zu erweisen war. War ich diesen Leuten auch angenehm? Die Frage konnte keine andere Antwort finden, als daß die Empfehlung eines Fachmannes der eines Parteimannes entschieden vorzuziehen sei.

Meine Abneigung, ohne Autorisation derer, die es beherrschten, in ein mir fremdes Metier einzusteigen, wurde noch durch eine Eigenheit verstärkt, die man häufig bei Autodidakten antrifft. Sie vermeinen nämlich, in allen Situationen für das einstehen zu müssen, was sie aus eigener Kraft und auf vielen Umwegen erworben haben. Dabei geschieht oft, daß sie aus Wehleidigkeit verteidigen, was gar nicht angegriffen ist. Sie überschätzen sich zuweilen, Hoffart ist nicht selten ihr Wegbegleiter, und weil sie mehr aus dem Gefühl als aus kühler Überlegung denken und handeln, geraten sie leicht in Hitze und werden ungerecht auch dort, wo sie sich im Recht fühlen dürfen. Ich kann dazu aus eigener Erfahrung einiges beitragen: nicht wenige Auseinandersetzungen, die im Grunde überflüssig waren, sind aus diesem überhitzten Gefühl entstanden und haben mich mit Menschen entzweit, mit denen ich besser Schulter an Schulter gegangen wäre.

Es waren wohl Wehleidigkeit und Hoffart, daß ich aus dem freundlichen Angebot Thalers einen belehrenden Sermon herauszuhören vermeinte. Wer oder was war er eigentlich, daß er mir ein solches Angebot, mit Ratschlägen verbunden, machen durfte? Ich wußte von ihm nur, was er mir selber erzählt hatte. Aber wußte er von mir mehr? Das bedachte ich allerdings nicht, und so kreiste die Hoffart in meinem Kopf wie ein Mühlrad und brachte mich in Verwirrung, aus der ich mich erst mit der ungestümen Frage löste, was denn die Leute in der Ravag wohl von mir denken würden, wenn ich da ohne Kenntnis und Erfahrung mit der Absicht hereinträte, in ihr Handwerk zu pfuschen?

Es machte wiederum keinen Eindruck. Er lächelte nur. Es gebe über die Besetzung der einzelnen Positionen im Rundfunk eine Parteienvereinbarung. Im übrigen sei ich, wie er wisse, kein Anfänger; was in einer Zeitung gut zu lesen sei, lasse sich ebensogut im Rundfunk hören. Nun mußte ich ihm doch sagen, daß ich mich bereits für eine Zeitschrift verpflichtet hatte. Der Einwand ging tiefer, aber auch da wußte er einen Rat. Diese Tätigkeit werde mich nicht ganz ausfüllen. Ich könnte mich der Programmleitung als Konsulent zur Verfügung halten. Das schließe einen geregelten Dienst aus, ich bliebe Herr über meine Zeit und könnte nebenbei die »weltliche Feierstunde« gestalten.

Heute weiß ich, was ich damals nicht wußte, wogegen ich nur Unbehagen empfand: ich war Objekt eines Vorganges, der unter dem Namen »Proporz« die öffentliche Regsamkeit mit einem weitgespannten Netz einfing und persönlicher Initiative nur wenig Spielraum ließ, aber alsbald zur großen Spottfigur jener Jahre werden sollte, verlacht und verdammt von Gerechten und Ungerechten, von Gescheiten und Dummen gleicherweise. Ich hatte unter ihm meinen Teil zu leiden, doch meine ich, es sollten seine Auswüchse und Verformungen ins Groteske nicht den reinen Impuls verdecken, dem er seine Entstehung verdankte.

Seine Geburtsstätte war das Konzentrationslager, seine Paten durchwegs Männer, die sich einst im schrecklichen Bürgerkrieg 1934 feindselig gegenüber gestanden waren. Nun fanden sich überlebende Sieger und Besiegte am schrecklichsten Ort wieder, den eine teuflische Phantasie hatte aussinnen können, auf gleiche Weise mißhandelt, verfolgt und in ständiger Todesnähe in ihrer menschlichen Würde gekränkt. Es muß jenen, die von Einkerkerung und dem höllischen Dasein in einem Konzentrationslager verschont geblieben sind, überlassen bleiben, sich vorzustellen, was in diesen Männern vorgegangen ist; und es wird den Verschonten, denen man nicht vorwerfen kann, daß sie es besser getroffen haben, nur ein geringes Maß an gerechter Fühlweise abverlangt, wenn sie aufgefordert werden, das Ethos anzuerkennen, das jene Männer in den Vernichtungslagern zu dem Entschluß geführt hat, sollten sie überleben, von da an die gerechte Verständigung zwischen gegenteiligen Auffassungen unter allen Umständen dem unerbittlichen Kampf vorzuziehen.

Die geschundene Kreatur sollte wieder Mensch werden, respektiert in seinen freien Entschlüssen, niemand kränkend, von niemandem gekränkt. Der Proporz in seiner reinen Form war gleichsam ein Sühneopfer für vergangene Verirrungen und zugleich ein Gelöbnis, solchen Irrtümern nicht mehr zu verfallen.

Was aber war daraus geworden, was hatte man in kurzer Zeit aus dem gemacht, was aus gemeinsamer Prüfung hervorgegangen war! Der Proporz verkümmerte bald zu einem Instrument, von beiden Parteien ebenso hartnäkkig wie listig dazu gebraucht, die eigene Macht zu vermehren, die der anderen zu verkürzen. Er wurde zum

Zauberstab in der Hand jener politischen Regisseure, die aus einer erhabenen Tragödie immer wieder ein nichtswürdiges Satyrspiel machen.

Bald gab es keine öffentliche Einrichtung mehr, in welcher nicht darum gerungen wurde, die eigene Position zu befestigen und auszudehnen, die der anderen zu unterhöhlen und zu unterlaufen. Es waren unwürdige Szenen, von beiden Parteien mit Lust gespielt. Sie drängten einander aus den ursprünglich eingenommenen Rollen: aus Partnern wurden Gegner. Am heftigsten wurde das Feilschen um Einfluß und Macht im Rundfunk gespielt, ich weiß davon ein gar nicht schönes Lied zu singen.

Der Proporz, solcherart seiner eigentlichen Bestimmung entlaufen, führte zum Fraktionsdenken, und dieses wiederum schränkte naturgemäß die Liberalität des Geistes ein, verwischte die Umrisse der Person. Die ihm innewohnende pervertierte Disziplinierung verwehrte es dem einzelnen Mitglied, das Gute in einer Person und Sache auch dann zu sehen und zu erkennen, wenn es sich im Lager des Partners aufhielt und bewegte.

Das Fraktionsdenken verletzt insgesamt den geheiligten Anspruch der Person, sich selber treu zu bleiben. Doch ist die Treue zu sich selbst der bestimmende Faden im Grundmuster menschlichen Verhaltens. Alle anderen, man mag sie benennen, wie man will, laufen auf ihn zu, werden von ihm gehalten, bekommen von ihm Farbe und Gewicht. Sie ist der grimmige Widerpart der bloßen Selbstsucht und schließt Machtgier aus. Wer sich selber treu bleibt, kann gegen andere nicht falsch sein. Das hat schon Polonius, widerlicher Hofschranz und großartige Vaterfigur in einem, seinem Sohn Laertes zugerufen.

Unter dem Schranzenwesen der beiderseitigen Fraktionei hatte der einzelne zu leiden. Ich habe es bekämpft und bin ihm nie unterlegen, auch wenn ich nichts als die Freiheit meiner Person gewonnen habe. Es war viel, mehr jedenfalls als jedwede Position. Als es die Zeitschrift nicht mehr gab und ich ganz in den Rundfunk übersiedelte, habe ich mich auch dort dem Fraktionsdenken entgegengestellt, intern zunächst und schließlich auch öffentlich, mit einem ganzseitigen Aufsatz in der *Presse*. Die eine Partei in der Koalitionsregierung – es war die meine – war dabei, den Rundfunk aus Gründen, die auch Gott nicht wissen konnte, finanziell auszuhungern. Ich gab dem Aufsatz den Titel *Der Österreichische Rundfunk auf dem Schindanger*. Er erschien am 17. März 1962, fast siebzehn Jahre nach dem Tag, an dem ich zum ersten Mal das Funkhaus in der Argentinierstraße betreten hatte:

»Der Österreichische Rundfunk ist in finanzieller Bedrängnis. Er ist das schon seit geraumer Zeit, und er hat daraus niemals ein Geheimnis gemacht. Jahr für Jahr hat die verantwortliche Leitung, gleichviel ob sie sich seinerzeit öffentliche Verwaltung nannte oder sich heute Vorstand einer Gesellschaft nennt, Finanzpläne erstellt, die zu seiner Sanierung hätten führen können. Sie hat diese Pläne dem jeweils zuständigen Gremium der Regierung vorgelegt, mit schwindender Hoffnung jedesmal, denn eine Entscheidung wurde stets hinausgeschoben.

Schon im Jänner 1955, vor mehr als sieben Jahren, hat Bundesminister Dipl.-Ing. Waldbrunner bei der Eröffnung des neuen Mittelwellensenders in Klagenfurt erklärt, es seien nach der mühsam erworbenen Rundfunkhoheit wichtige staatspolitische und kulturelle Aufgaben für den Rundfunk zu bewältigen, und sodann hinzugefügt, daß große Aufgaben große Mittel erforderten und daß besondere Anstrengungen und ›besondere Beiträge sowohl von seiten der Verwaltung als auch von seiten der Hörer unausbleiblich sein werden‹.

Das war eine rundfunkfreundliche Zeit, möchte man fast mit dem Waffenschmied von Worms singen. Manche

Hoffnungen der Rundfunkleute haben sich denn auch an diese Rede geknüpft. Inzwischen sind sieben Jahre vergangen. Es waren magere Jahre, die Aufgaben des Rundfunks sind rundum angewachsen, die Preise sind ebenfalls mächtig angestiegen und haben die Löhne nachgezogen, nur die ›besonderen Beiträge der Hörer‹ sind ausgeblieben. Sie stehen heute noch dort, klein und verloren, wo man sie vor elf Jahren hat stehen lassen; und für den Wert, den sie ausmachen, würde einem der Billeteur des unscheinbarsten Vorstadtkinos den Zutritt in die billigste Reihe verweigern.

Wir haben, was allgemein bekannt ist, eine Koalitionsregierung, die von den zwei großen Parteien gebildet wird. Wir haben, was ebenfalls bekannt sein dürfte, einen Rundfunk, der nicht nur der Unterhaltung dient, sondern eine kulturelle Einrichtung darstellt. Und wir haben noch etwas – eine Macht, die besonders gern von den Politikern beschworen wird, wenn sie unser Land rühmen und auf seinen Rang hinweisen: die Traditionsfülle österreichischer Kultur und Kunst.

Zuletzt war es der österreichische Außenminister, der in einem vielbeachteten Vortrag über das anzustrebende Verhältnis der neutralen Staaten zur Europäischen Wirtschaftsgemeinschaft erklärte, daß ohne die geistigen und materiellen Kulturleistungen Österreichs eine echte europäische Integration nicht denkbar wäre. Der Österreichische Rundfunk, der, wie jeder andere Rundfunk in jedem anderen Lande, in der idealen Form, die seiner Struktur zugrunde liegen muß, eine kulturelle Einrichtung ist, sieht darin die offizielle Bestätigung seiner Aufgabe, den Kulturwillen im Lande zu intensivieren und ihn über die Grenzen des Landes überzeugend zu verbreiten.

In Wirklichkeit ist der Rundfunk gerade von jenen verlassen, die ihn stützen sollten, aber immer bereit sind, sich auf die Kultur des Landes zu berufen. Die Frage ist somit unvermeidbar, ob es noch zu verantworten sei, die Existenz des Rundfunks durch finanzielle Schwierigkeiten abzuwürgen und ihn zu einem überdimensionierten Leierkasten herabzuwürdigen. Die Regierung und die Parteien, die sie bilden, seien mit allem Respekt, aber in demokratischem Freimut daran erinnert, daß Beteuerungen, wenn sie leer bleiben und ohne Erfüllung, sich alsbald als eine Farce herausstellen und das Unbehagen auf dem kulturellen Feld noch vergrößern.

Es wird viel vom Rundfunk geredet, aber fast niemals macht man sich dabei eine rechte Vorstellung von dem, was er seinem Wesen nach sein sollte.

Ich habe nun keineswegs den Ehrgeiz, eine neue und wohlklingende Definition eines alten Kulturbegriffes zu geben. Ich halte mich vielmehr an den altehrwürdigen Grundsatz, der festhält: Kultur ist eine durch Generationen sich bewährende Lebensform, die nicht willkürlich abgebrochen werden kann, soll dem Volk nicht tiefgreifender seelischer Schaden zugefügt und dem Vaterland jener Humus entzogen werden, aus dem die Leistungen wachsen, die unsern Alltag beleben und über das natürliche Sterben des einzelnen in die Zukunft weisen. Ich meine auch, es gehört zu den Voraussetzungen humaner Kultur, für jedermann, auch für den Geringsten, das tägliche Brot gesichert zu wissen. Mit der Sicherung des Brotes allein ist es freilich nicht getan; mit dem Brot sind täglich auch Geist und Kultur neu zu erarbeiten.

Dazu gesellt sich in unseren Tagen eine eminent wichtige politische Erkenntnis: Kultur, die europäische zumal, ist keine Macht des Vordergründig-Massiven, sie ist Ausgleich und Ergänzung fast unwägbarer Nuancen, eine Vielfalt, die sich eher im Stillen und Verborgenen bildet. Dieser Prozeß des Ausgleichens und Ergänzens vollzieht sich hierzulande in einem Territorium, dessen kulturelles und politisches Zentrum nur sechzig Kilometer von jener tragischen Grenze entfernt ist, die eine unselige Machtpolitik mit Willkür gezogen hat. Man greift nicht zu hoch und nimmt sich nicht zu wichtig, wenn man ausspricht, es seien die Augen des übrigen Europa neugierig auf die Vorgänge gerichtet, die in unserem Lande geschehen, und viele jenseits dieser furchtbaren Grenze warten auf ein helfendes Wort. Für diese ist jede Sendung des Österreichischen Rundfunks eine Stimme der freien Welt.

Solche Grundsituationen legen den Maßstab einer kulturellen Politik von vornherein fest. Auch die Planungen der Programmdirektion des Österreichischen Rundfunks, der ich angehöre, sind von ihm bestimmt. Es führte zu weit, wollte ich im einzelnen darlegen, was da alles zu bewältigen ist, soll der Rundfunk in seinem Programm wirklich das sein, was er täglich anstrebt und wenigstens annähernd zu erreichen sucht: ein Spektrum, in dem zusammenlaufend lebendig und farbenfroh sich spiegelt, was im Land sich regt und rührt, in der Kunst, in den Wissenschaften, in Literatur und Musik, im volkskundlichen Bereich nicht minder, in den gemüthaften Bezirken des Frohsinns und der Unterhaltung, und nicht zuletzt auf dem Gebiet der aktuellen Politik und des gegenwärtigen Zeitgeschehens.

Die besinnlichen, Nachdenken abfordernden Sendungen sind in diesem Aufgabenpanorama ebensowenig zu übersehen wie die religiöse Betreuung konfessionell gebundener Hörergruppen. Und fast selbstverständlich ist, daß der Volksbildung ein besonderes Augenmerk zugewendet wird und nicht minder der charakterlichen Ausbildung innerhalb des Themenkreises Familie und Erziehung.

Es gibt in Österreich keine andere Institution, die so wie der Rundfunk geeignet und verpflichtet ist, fortschreitend eine Bestandsaufnahme österreichischer Kultur und Geistigkeit anzubieten. Nicht in einem starren, langweiligen Schema, sondern in jenem lebendigen und freien Kräftespiel aller Fakultäten, auch der heiter-musischen, die immer wieder das Gewordene, aber auch das Werdende präsent macht. Der Rundfunk vor allem vermag eine innere und äußere Selbstdarstellung des Landes zu geben durch Aufträge an Komponisten, Schriftsteller und Wissenschaftler innerhalb der rundfunkeigenen Gegebenheiten, durch eine überlegte Planung auf dem Gebiet der literarischen und wissenschaftlichen Hörfolgen, durch die Betreuung von Orchestern und anderen Interpretationsgruppen von Ton und Wort.

Nach dem Gesellschafterbeschluß vom 11. Dezember 1957 ist dem Österreichischen Rundfunk auferlegt, innerhalb der technischen und finanziellen Möglichkeiten drei Rundfunkprogramme auszustrahlen, wovon eines vorwiegend die lokalen Interessen der Bundesländer zu berücksichtigen hat. Dieser Beschluß ist bis zum heutigen Tag nicht aufgehoben worden, wohl aber ist der Rundfunk durch die bis zum Überdruß bekannte finanzielle Bedrängnis gezwungen, von sich aus den auferlegten Aufgabenkreis fortschreitend einzuengen. Diese Drosselung ist vom harten Zwang diktiert, sie wird von der Programmdirektion nur mit bitteren Empfindungen ertragen. Es bedarf nur wenig Phantasie, sich vorzustellen, was es auf sich hat, wenn Programmplaner, statt aufzubauen und aufzunehmen, einschränken und eliminieren müssen.

Diese Phantasie scheint in der Regierung, welche die Gesellschafter des Rundfunks stellt, allerdings zu fehlen. Jedes mit Vernunft begabte Wesen würde im Anblick dieser verworrenen Verhältnisse zu dem Schluß kommen, ein klärendes Gespräch zwischen den Gesellschaftern wäre unausweichlich. Es würde für sich in Anschlag bringen können, daß es doch auch sonst nirgendwo eine private Gesellschaft gibt, die ihre Erzeugnisse fortlaufend unter den Gestehungskosten auf den Markt bringt.

Dieses Gespräch will nicht zustande kommen. Die daraus entstandene Situation ist denkwürdig, sie hat für den, der sich nicht berufsmäßig mit Politik befaßt, etwas Geheimnisvolles. Woran, so wird er sich fragen, mag es wohl liegen, daß Gesellschafter sich so ohne weiteres ein Instrument aus den Händen winden lassen, auf dem sie doch sonst so gerne spielen, am liebsten vierhändig? Was mag wohl die Ursache dafür sein, daß sie jene, die an dem Instrument arbeiten, daran zu hindern versuchen und sie bedenkenlos dem öffentlichen Gerede preisgeben?

Der Rundfunk ist in dieses Gerede gekommen. Was in Österreich eine Stimme hat, aber nur selten eine qualifizierte Meinung, versucht sich an ihm, und mancher, der in der Schule lesen und schreiben gelernt hat, betrachtet sich nun für eine gediegene Programmierung als sachverständig und glaubt, an diesem Gerede unbedingt teilnehmen zu müssen. Man könnte darüber lächeln, würde diese Unbekümmertheit nicht von einem Teil der Presse ständig zu neuen Taten aufgestachelt. Die parfümierten Stallbuben der Boulevardpresse fühlen sich da so recht in ihrem Element; sie glauben, das, was sie da Tag für Tag treiben, schaffe eine öffentliche Meinung, während sie nur ein öffentliches Ärgernis hervorbringen.

Diese Obskuranten eines Handwerks, das wahrlich einst bessere Tage gesehen hat, operieren vor allem mit dem platten Schlagwort: Der Rundfunk ist für den Hörer da. Dazu muß einmal eine grundsätzliche Feststellung getroffen werden.

Natürlich ist der Rundfunk für den Hörer da! Für wen sonst? Das weiß auch die Programmdirektion, das war schon eine Maxime ihres Handelns, bevor diese obskuren Schreier eine Sache, die sich von selbst versteht, nur dadurch, daß sie sie aufgegriffen haben, in platten Unsinn verwandelten. Gewiß ist der Rundfunk für den Hörer da, aber dieser Satz drückt nur eine halbe Wahrheit aus, wenn er sich nicht mit der Erkenntnis verbindet, daß Programmplanung und Programmgestaltung dem Hörer auch Stab und Stütze sein müssen. Eine geistige Führung ist ebenso wichtig wie eine politische. Diese Erkenntnis sollte doch wohl längst außerhalb von Debatten stehen.

Auf die Koalition ist man hierzulande sehr stolz. Sie in Frage zu stellen, gleicht fast einem Sakrileg. Insonderheit für den Partner zur Linken ist sie so etwas wie das Nonplusultra einer demokratischen Staatsführung und innerstaatlichen Verwaltung. Eine solche Politik strahlt keinen besonderen Glanz aus, ihre Verfahrensweise ähnelt zu sehr dem Spielchen: Gibst du mir dies, gebe ich dir das, und wenn du diesem nicht zustimmst, verweigere ich dir jenes. Doch hat sie gewiß auch ihre Vorteile: ihre Methodik hat schon manches Widerstrebende zum Ausgleich, sogar zur Einheit gebracht. Die Frage ist nur, ob eine Einrichtung wie der Österreichische Rundfunk, der doch auch das kulturelle Ansehen des Staates zu repräsentieren hat, der geeignete Gegenstand eines solchen Lizitationsverfahrens ist.

Die augenblickliche Situation ist, daß die Österreichische Volkspartei, in diesem Fall vielleicht von der normativen Kraft des Faktischen überzeugt, den Hörerbeitrag erhöhen möchte, während sich die Sozialistische Partei dagegen sträubt und diese Erhöhung mit immer neu vorgebrachten Argumenten zu verhindern trachtet.

Soll man das ein politisches oder ein kulturelles Dilemma nennen? Ich weiß nicht recht. Fest steht nur, daß bei diesem Streit der Rundfunk in die Binsen zu gehen droht.

Nicht nur mein Herkommen, also eine Fügung, sondern auch frühe Einsichten haben es so gewollt, daß ich seit meiner Jugend der Sozialistischen Partei angehöre.

Ich kann aber ihre hartnäckig vertretene Ansicht in diesem Streit nicht teilen. So bleibt mir also nur, an ihre liberale Grundhaltung zu appellieren und, um ein übriges zu tun, in den lauten Seufzer Friedrich Nietzsches einzustimmen: Lieber Himmel, gib, daß wir freien Geistes sind, alles andere magst du für dich behalten.

Die Argumente, die die Sozialistische Partei gegen die Erhöhung vorbringt, sind falsch. Um möglichst subjektiv gegen diese Argumente auftreten zu können, muß ich mich, so paradox das auch klingen mag, zu objektivieren versuchen.

Die Sozialisten begründen ihre Haltung damit, daß man in einer Zeit, in der sich die verantwortungsbewußten Kräfte in Österreich bemühen, den Wert des Schillings zu erhalten, nicht einen der wichtigsten Preise erhöhen darf! So kommentierte die *Arbeiter-Zeitung* die ablehnende Haltung der Sozialisten.

Nun, kein Mensch muß juridisch ausgebildet sein, um etwa den elementaren Unterschied zwischen Recht und Unrecht zu begreifen. Dafür genügt ein auch nur halbwegs natürliches Empfinden. Und so muß ich auch kein Kenner der Volkswirtschaft sein, um zu begreifen, daß wohl der Milchpreis, der Brotpreis und der Preis eines Fahrscheines auf der Straßenbahn zu den »wichtigsten« Preisen zählen, niemals aber der Beitrag des Hörers für den Rundfunk. Den Hörerbeitrag in die Skala der lebenswichtigen Preise einzuschmuggeln, verwirrt doch nur die Begriffe, die man rein erhalten sollte, und setzt nur falsche Relationen.

Auch der Hinweis auf die Rentner, die eine solche Erhöhung hart treffen würde, ist falsch. Ich will hier nichts gegen die Rentner sagen, wir werden, wenn uns das Leben erhalten bleibt, schließlich alle einmal dazugehören. Aber der Rundfunk ist ja keine Rentenanstalt oder Krankenkasse. Er ist doch eine kulturelle Institution und nicht allein für die Rentner da. Im übrigen sind sozial besonders hart gelagerte Fälle von der Gebührenentrichtung befreit. Aber soll man sich bei solchen Argumenten wirklich aufhalten?

Gelegentlich ist auch von den Mißständen die Rede, die der Partner zur rechten Hand habe einreißen lassen. Die Koalition ist doch unlöslich mit dem Proporz verbunden. Die Frage ist also angebracht, ob denn jene, die der Partei des Partners zur Linken angehören, in keinem Studio anwesend sind? Sind sie denn alle mit einem Zauberschlag zu Unpersonen geworden? Oder mischen sie nicht kräftig mit und tragen ihren gerechten Teil an der Gesamtverantwortung?

Wir leben seit geraumer Zeit in verhältnismäßigem Wohlstand. Haben aber auch jene daran Anteil, die als freie Berufe an der Kontinuität des Geistes und der Kultur mitarbeiten? Das Unbehagen in diesen Gruppen ist in stetigem Anwachsen. Das Mißverhältnis zwischen dem, was offiziell geredet, und wie praktisch gehandelt wird, droht zu einer Schwächung der kulturellen Substanz zu führen, sei es durch eine Abwanderung ins Ausland oder durch die Ermattung jener, die im Lande bleiben wollen, aber kein Echo finden. Auch wir Rundfunkleute meinen, es wäre an der Zeit, über Kultur weniger zu reden, aber mehr für ihre Belebung zu tun.«

Es war die späte Entladung eines lange aufgestauten Unmuts. Ich habe die mir selbst gestellte zeitliche Begrenzung verlassen und bin den Jahren vorausgeeilt. Doch auch in der Natur keimt nicht jeder Same, der in die Erde gelegt wird, alsogleich auf.

Der Unmut galt dem Bestreben der politischen Parteien, öffentliche Einrichtungen, von denen sie behaupten, sie gehörten dem ganzen Volk, in ihren alleinigen Besitz zu bekommen. Den Samen hatte Leopold Thaler gelegt.

Er war eine durchaus rechtschaffene Person, radikalisierenden Tendenzen abgeneigt und allezeit um einen gerechten Ausgleich bemüht. Als Parteimann war er der Auffassung, alles, was die Partei aufgreife und behandle, nütze dem einzelnen ebenso wie dem Staat.

Die Vorstellung, auch seine Partei könnte dem Eigennutz verfallen, war ihm fremd. Seine ehrbare Gesinnung hätte sie nicht zugelassen. So vermochte er auch nicht die Anomalie wahrzunehmen, die sich breit und behaglich zwischen dem durch die Geschichte der Arbeiterbewegung geheiligten Begriff der Solidarität und dem Zwang und Gesinnungsdruck, die jedem Fraktionsdenken innewohnen, niedergelassen hatte.

Der Aufsatz hatte nur wenig Wirkung und keine Folgen. Er plumpste wie ein Stein in die Tiefe unbewegten Wassers, aber ohne Kreise zu ziehen. Man ging mir aus dem Weg, und der aus der sittlichen Begrenzung entlaufene Proporz dauerte fort und fort.

Sonntagmorgen

Der Krieg werde »auf Sparflamme gehalten«, sagte gestern der Fernsehkommentator. Sein Gesicht war ernst, sein Kommentar von der Alltagsphilosophie seiner Zunft durchtönt, er hätte ihn auch singen können. Nur Zeus allein kann ihm die irisierende Bildhaftigkeit seiner Sprache verzeihen. Seine Botschaft an die Menschen war falsch ausgerichtet.

Doch damals, im Sommer 1945, gab es das Fernsehen noch nicht. Neben der Ravag in Wien, der Stammutter des Österreichischen Rundfunks gab es noch drei Sendegruppen: den Sender Rot-Weiß-Rot in Salzburg und Linz, den die Amerikaner kontrollierten, die Sendergruppe Alpenland in Graz und Klagenfurt, von den Engländern ins Leben gerufen, und die Sendergruppe Tirol und Vorarlberg, in welcher die Franzosen ein Heimrecht beanspruchten. Der erste Jahrestag des Senders Rot-Weiß-Rot wurde von einigen Zeitungen ausführlich gewürdigt. In der Zeitschrift setzte ich die Hoffnung dagegen, es möge aus dem Jubelkind kein Jubelgreis werden. Die Zusammenfügung der Teile zum Österreichischen Rundfunk geschah noch vor dem Abzug der Besatzungsmächte im Jahr 1955. Die Russen hatten in der Wiener Zentrale eine »Russische Stunde« eingerichtet, in der sie mit Hilfe von österreichischen Gefolgsleuten ihre Propaganda ausstrahlten. Ich habe sie in der Zeitschrift und später in der *Arbeiter-Zeitung* ständig bekämpft. Doch darf nicht verschwiegen werden, daß durch diese Konzentration die anderen Abteilungen ungehindert und in verhältnismäßiger Ruhe arbeiten konnten.

Wenige Tage nach der Unterredung mit Leopold Thaler machte ich mich zum ersten Mal auf den Weg zum Funkhaus in der Argentinierstraße. Es war nach den Plänen des Architekten Clemens Holzmeister erbaut worden und bis auf wenige technische Einrichtungen unzerstört geblieben. Damals, im Sommer 1945, ahnte ich nicht, daß ich durch drei Jahrzehnte dort fast täglich aus und eingehen würde.

In der Empfangshalle erwartete mich Frau Rohrbeck. Sie war die Sekretärin von Alfons Übelhör. Sie bewahrte mich vor dem Verhör, das man dem russischen Wachtposten ablegen mußte, um ins Innere vordringen zu können. Im Zimmer Übelhörs waren noch Guggenberger und Rudolf Henz anwesend. Alle drei waren 1938 von den Nationalsozialisten entlassen worden. Jetzt waren sie der Kern des Wiederaufbaus der alten Ravag. Hans Nüchtern, der ebenfalls entlassen worden war und zu diesem Kern gehörte, war noch in Berlin.

Ich war von keinem der drei gerufen worden, ich war ihnen nur empfohlen, wenn auch von gewichtiger Stelle. Ich wußte längst, daß jeder, der von außen kommt und nicht direkt eingeladen ist, als Eindringling empfunden wird. Meine Erklärung, ich sei nicht gekommen, um eine Position innerhalb der Programmleitung einzunehmen, erleichterte spürbar ein rascheres Einverständnis. Und gewiß hat sie auch zu der noblen Pauschalierung meiner künftigen Mitarbeit beigetragen.

Der günstige Umstand, in einem vorbereitenden Gespräch von seinem künftigen Partner nicht materiell abhängig zu sein, läßt einen die eigenen Vorstellungen nachdrücklicher vorbringen, und diese Selbstsicherheit schien mir nützlich, um meine Skepsis gegen einen neuerwachten Patriotismus auszudrücken, der sich auf nichts weiter gründe als auf eine sich rasch ausbreitende Deutschfeindlichkeit. Deshalb sei es notwendig, in einer

Sendung wie »Sonntagmorgen«, die nach der Auffassung Leopold Thalers eine Art weltlicher Feierstunde sein solle, erlesene Beispiele deutschen Geistes auszustrahlen, um den Hörern die plumpe Anmaßung des Nationalsozialismus deutlich zu machen, er sei aus solchen Quellen entstanden und gespeist worden. Beispiele österreichischer Provenienz ließen sich zwanglos einfügen. Damit werde ohne grobe politische Propaganda die Geistfeindlichkeit der Nationalsozialisten erkennbar. Zugleich werde jenen, die 1938 zu sein glaubten, was sie jetzt partout nicht sein wollten, eine heilsame Nachdenklichkeit abgefordert.

Die drei Herren hatten vor 1938 der Vaterländischen Front angehört. Und diese hatte in den Volks- und Hauptschulen das altvertraute »Grüß Gott« und »Guten Morgen« abgeschafft und für Lehrer und Kinder gleicherweise verbindlich das Losungswort »Österreich« als Grußformel eingeführt. Das war eher lächerlich als lieblich gewesen, und ich wußte, ich berührte da eine Wunde. Doch hörten sie aufmerksam zu.

Doch sei das, fuhr ich fort, gleichsam nur ein Vordergrund, die eigentliche Absicht liege darin, die Welt des Geistes aufzuschließen und die Hörer, die ja nicht, wie viele annähmen, ein vieltausendköpfiges Ungeheuer darstellten, sondern zumeist allein oder zu zweit seien, zu einer fruchtbaren Begegnung mit den Resultaten der Forschung zu bringen. Der mit Phantasie formulierte Gedanke, habe er etwas bewegt, gelte da gleichviel wie eine vollendete Dichtung. Und so wolle ich denn auch mit Goethes Aufsatz *Über den Granit* beginnen, einer Arbeit, die mir wie ein Wunder vorkomme, weil sie nicht nur ins Innerste der Erde führe, sondern auch ins Innere des Menschen, und so zu seiner Erhöhung beitrage. In solcher Weise fortschreitend, werde sich ein Panorama des Geistes entfalten. Das Feiertägliche liege in seiner

Ausstrahlung und zugleich im Empfangen und Aufnehmen.

Rudolf Henz hatte sich bald nach dem Ersten Weltkrieg als Dichter ausgewiesen, er stimmte alsogleich zu. Als er von den Nationalsozialisten entlassen worden war, brachte er sich mit dem Bemalen von Kirchenfenstern im Stift Klosterneuburg fort. Alfons Übelhör hatte einige von den finsteren Jahren in verschiedenen Kerkern zubringen müssen, zuerst auf dem Morzinplatz und im Wiener Landesgericht, dann in Anrath bei Düsseldorf und zuletzt in Krefeld. Wer in jenen Jahren auch nur gelinde mit den Bütteln der Macht in Berührung kam, konnte sich den von ihm zurückgelegten Leidensweg einigermaßen vorstellen, die graue, stofflich schwere Aussichtslosigkeit, die dem politischen Häftling wie eine endlose Nebelnacht vor Augen gerückt war.

Die Herzlichkeit und heitere Gelassenheit, mit der Übelhör mir gleich zu Beginn einer lange währenden gemeinsamen Arbeit entgegenkam, verriet nichts von dieser ausgestandenen Leidensgeschichte, nichts von der Bürde, die erst vor kurzem von seinen Schultern genommen worden war. Sein freundliches Wesen nahm mich sofort für ihn ein. Als er mir später einiges von den bitteren Erlebnissen erzählte, war die menschliche Kraft, die im Gemüt und Charakter dieses Mannes aufbewahrt war, gleicherweise zu bestaunen wie zu bewundern. Groll oder Verbitterung hatten in seinem Wesen keinen Platz, nur gelegentlich war in seinem Verhalten ein leises, von dankbaren Empfindungen unterströmtes Staunen wahrzunehmen, einfach darüber, daß er überlebt hatte.

Später wurde Heinrich Kralik zugezogen. Er war ein hervorragender Musikkenner. Er wählte zu den vorliegenden Texten eine passende Musik, vor allem Klavierstücke, und vermittelte die Bekanntschaft mit Stella Wang, die in ihrer Interpretationskunst niemals versagt hat. Oft hat sie mir die ausgewählten Stücke allein vorgespielt und mir damit ein doppeltes Vergnügen bereitet.

Sehr erfreulich war die alle Sendungen begleitende Zustimmung von Leopold Liegler. Er verwaltete bis zur Rückkehr Hans Nüchterns die literarische Abteilung. Der kleingewachsene Mann von zarter Gesundheit hatte sich aus eigener Kraft emporgearbeitet. Das humanistische Gymnasium hatte er als Externist absolviert. Er wurde vor allem durch sein Buch über Karl Kraus bekannt, mit dem ihn eine enge, acht Jahre währende Zusammenarbeit verbunden hatte. Daneben hat er manches publiziert. So war er der erste gewesen, der sich in den *Graphischen Künsten* für Egon Schiele eingesetzt hatte. In seinen Arbeiten über Goethe, Hölderlin und Rilke bewies er eine außerordentliche Einfühlsamkeit für sprachliche Qualität und ästhetische Strukturen. Seine letzte Arbeit galt Schillers *Gesetzgebung des Lykurgus*. Ich habe sie auszugsweise in der *Wiener Bühne* veröffentlicht. Die endgültige Drucklegung hat er nicht mehr erlebt. Wenige Tage vor seinem Tod habe ich ihn aufgesucht. Ich vermeine immer noch den zarten Druck seiner Hand in der meinen zu verspüren.

Die Sendung lief durch mehr als zehn Jahre. Meine eigene, wenn auch fortschreitende Belesenheit hätte nicht ausgereicht, sie zu füllen. Ich war auf fremde Hilfe angewiesen, auf Sammelwerke und Lexika, und hier ist es wohl am Platz, dankbar jener drei Männer zu gedenken, die im Jahr 1940 im S. Fischer-Verlag das großartige Sammelwerk *Deutscher Geist* herausgegeben haben. Nur einer von ihnen, der Publizist Karl Korn, kann den Dank noch empfangen; der feinsinnige Lyriker Oskar Loerke und der tapfere Verleger Peter Suhrkamp sind schon lange nicht mehr unter den Lebenden. Ich hatte die zwei Bände in Frankfurt durch Brandbomben eingebüßt, zum Glück entdeckte ich die gleiche Ausgabe in der Bibliothek der Ballettmeisterin der Wiener Staatsoper, Erika Hanka. Die grundgescheite Frau hat sie mir schließlich zum Geschenk gemacht. Auch ihrer Freundschaft habe ich hier zu gedenken.

Aber nicht nur aus der Ferne von Jahren und Jahrzehnten sollten die Resultate geistiger Arbeit im makellosen Geflecht der Sprache empfangen werden. Auch in zeitlicher Nähe war auf gültige Beispiele zu verweisen, auf Wilhelm Hausenstein etwa, auf Benno Reifenberg und Alfons Paquet, auf diesen und jenen noch, die in finsterer Zeit der Verantwortung treu geblieben waren, die aus der Übereinstimmung von Geist und Gewissen erfließt. Abzuwehren galt es die ungesunde Hektik, die so gern im grundlegenden politischen Wandel der Epochen aufzuschäumen beginnt. In Wien war es vor allem die Erscheinung von Karl Kraus, auf die sich bald jeder berief, der da oder dort zum Schreiben zugelassen war, den der Gefeierte jedoch niemals in seine Nähe hätte kommen lassen. Es war diese seltene Erscheinung von unberechtigter Inanspruchnahme zu reinigen und der billigen Verehrung entgegenzutreten, die in dem wiederkehrenden Refrain gipfelte: Er war unser. Meine Betrachtung darüber fand die Zustimmung von Leopold Liegler ebenso wie die von Edwin Hartl, der daranging, eine Karl-Kraus-Gesellschaft zu gründen:

»Sie waren ihm nicht willkommen, er hat und hätte sie nie aufgenommen. Kaum einer von den großen schreibenden Männern ist von seinen Jüngern so gründlich mißverstanden worden wie Karl Kraus. Sie wurden von ihm angezogen wie Motten vom Licht. Sie wollten ihm dienstbar sein, zu Lebzeiten und nach seinem Tod. Auch heute berufen sich manche auf ihn, die er mit Hohn und Spott abgewiesen hätte. Sie schaden ihm mehr als jene, die er zu Lebzeiten schonungslos bekämpft hatte, die alles aufgeboten hatten, damit er schweige und im Verschweigen untergehe. Der Glanz, der von seiner kritischen Prosa ausstrahlt, verführt zu bedenkenloser Nachahmung. Sie läßt die Härte gegen sich selbst, das vielfache Entsagen nur allzuleicht vergessen. Sie waren notwendig, um gegen Laster und Korruption unerbittlich ankämpfen zu können. Der strenge Moralist lebte einsam. Um ihn war eine Leere, aus welcher dem Betrachter, auch dem wohlwollenden, eine abwehrende Kälte entgegenwehte.

Er war nicht immer allein gewesen und nur für sich. Am Anfang seines Wirkens konnte er sich noch mit anderen verbinden, doch dann führte sein Weg in eine immer dichter werdende Isolierung. Er beobachtete seine Umwelt nur noch mit Groll und Bitterkeit. Einzelne Gestalten, die aus ihrer Vergangenheit in die Gegenwart wirkten, waren geisterhaft um ihn: Shakespeare, Goethe und Nestroy, Offenbach und später Trakl. Nachdem auch Adolf Loos gestorben war, vertrug er wohl nur noch seinen Setzer um sich. Die Einsamkeit war vollkommen, und es ist schwer zu sagen, ob sie seinen Charakter gebildet hat oder die unausbleibliche Folge dieses Charakters war.

Er hat einmal Österreich, sein Vaterland, als Versuchsanstalt für den Weltuntergang bezeichnet. Dieser Formulierung mag, losgelöst von seinem kritischen Gesamtwerk, als bloßes Zitat hingenommen, das Leichtfertige einer geistreichen Bemerkung anhaften. So kann es allen vorkommen, die mit Recht dem Spiel mit Worten mißtrauen. Hier jedoch und bei ihm zieht sie in ihrer aphoristisch zugespitzten Form die Summe von peinigenden Eindrücken, die ihm im Ablauf seines Daseins gleichsam zugeflogen waren. Sie ist das Resultat einer scharfen Beobachtung, die niemals müde geworden war, das Falsche auch dort zu fassen, wo es sich ›ohne die Gebärde der Aufdringlichkeit‹ in das Gewebe des Staates eingefressen hatte. Szene um Szene, die er aus dem Dunkel holte und ins Licht stellte, waren der Wirklichkeit Österreichs entnommen. Noch die kleinste, unscheinbarste wurde durch sein beweiskräftiges Wort erleuchtet und zum Symbol erhöht.

In seiner Jugend war es die *Neue Freie Presse*, die sein Talent im Stillen beobachtet hatte. ›Höfische Gebärdenspäher‹ hatten ihn wissen lassen, er möge sich bei ihr mit Beiträgen einfinden. Er tat, was jeder Schriftsteller am Anfang seiner Laufbahn macht: er schrieb diese oder jene Plauderei, dazwischen eine literarische Kritik, und aus Bad Ischl schickte er einen Sommer lang unterhaltende Berichte. Als den Herausgebern der Zeitung bekannt wurde, Kraus trage sich mit dem Gedanken, eine eigene Zeitschrift zu gründen, boten sie ihm die Leitung des seit dem Tod von Daniel Spitzer verwaisten Feuilletons an. Inzwischen aber war Kraus, wie er später bemerkte, der Sinn für die ökonomischen Zusammenhänge einer Zeitung mit ihrer Umwelt aufgegangen. Schon kurz vor dem Angebot, in der Zeitschrift *Die Waage,* habe er den ›Maulkorb in den Papierkorb‹ geworfen. Er hielt sich für ›besserungsfähig‹ und hatte herausgefunden, daß ›nicht ich für die *Neue Freie Presse,* wohl aber die *Neue Freie Presse* für mich reif‹ sei.

Mit einem kühnen Satz sprang der damals Fünfundzwanzigjährige im April 1899 aus der Geborgenheit eines Redaktionsstuhls in die publizistische Freiheit. Ein kristallhartes Gewissen bildete den Standort, von dem aus er sein kulturelles und politisches Programm verkündete. Die Reinhaltung des öffentlichen Lebens von jeglicher Beschmutzung war das ungeheure Thema der *Fakkel*. ›Kein tönendes Was wir bringen, sondern ein ehrliches Was wir umbringen‹, so lautete das Motto, mit dem er begann.

Er hat das Versprechen, das darin enthalten war, bis

zum Ende seiner Tage erfüllt. Gleich zu Beginn ließ er sich die ›Trockenlegung des weiten Phrasensumpfes‹ angelegen sein. Radikal trennte er den Schein vom Sein, beherzt griff er überall hinein, wo der Würde Würdelosigkeit, der Ehre Unehre, der Reinheit Beschmutzung und der Wahrheit Unaufrichtigkeit drohte. Sein moralisches Programm bestand darin, den überlieferten Regeln des menschlichen Anstands einen festen Halt zu geben.

So griff er das Theater an, wenn es sich der Presse anbiederte und mit ihr Geschäfte machte, die Presse, wo sie Übles verschwieg oder gar deckte und die Privatsphäre des einzelnen nicht schonte; die Universitäten, wenn sie verwandtschaftlichen Beziehungen ihrer Repräsentanten bei der Besetzung eines Lehrstuhles den Vorzug gaben und Kenntnis und Fähigkeit dessen, der ohne Protektion war, nicht berücksichtigten, die Apparatur des Staates, wenn sie versagte, die Bürokratie, trat sie auf mit der elenden Gebärde der Omnipotenz; die Unternehmer, wenn sie Arbeiter ausbeuteten, wirtschaftliche Organisationen, dienten sie dem Eigennutz und nicht dem allgemeinen Wohl; die Direktion der Eisenbahnen, wenn sie durch schlechtes Material und durch Überlastung ihrer Angestellten das Leben der Reisenden und Bediensteten gefährdete. Bevor er jedoch zu dieser umfassenden Kritik ausholte, legte er mit rückhaltlosem Freimut über seine publizistische Vergangenheit Rechenschaft ab (er hatte eine, trotz seiner Jugend) und gewann somit die Freiheit, anderen ihre Vergangenheit vorzuhalten.

Er hatte, noch jung, der Lockung der *Neuen Freien Presse* widerstanden, während ergraute Universitätsprofessoren, Sozialpolitiker und wirtschaftskundige Publizisten durch einen Gnadenblick von der Höhe modernsten Wissens sich in die Spalten einer moralisch fragwürdigen Zeitung setzen ließen. Und bald war er der hartnäckigste und grimmigste Antipode des Pressewesens seiner Zeit.

Er ließ den Zeitungen keine schiefe Zeile durchgehen, keinen schiefen Gedanken, und diese wiederum antworteten mit Schweigen, mit der konsequenten Nichtbeachtung seiner Person und Arbeit.

Es war eine erbitterte Fehde, sie zog sich durch sein ganzes Dasein. Sie erreichte ihren Höhepunkt in der Vertreibung des Herausgebers der *Stunde* aus Wien. Was Karl Kraus mit der Elimination des Imre Bekessy aus dem öffentlichen Leben gelang, war eine sittliche Tat ersten Ranges. Die Mittel, deren er sich dazu bediente, hat er stets auch als künstlerische aufgefaßt: ›Doch in Wahrheit habe ich mich in keiner Periode meines Lebens so sehr als Künstler gefühlt, so frei und nur bedingt von der Fülle des Anlasses, wie in der Befassung mit einer Menschenjauche, von der man wohl meinen möchte, sie wäre leichter mit dem Strafgesetz zu beseitigen als mit Kunstwerken, und von der ich mit dem lebendigsten Wunsch, daß es gelinge, mich doch nicht trennen kann . . .‹, schrieb er, als der ›Schuft‹ draußen war.

Damit hat er Kraft und Wesen seiner satirischen Kunst selber beschrieben, nämlich ihre radikale Unbedingtheit, den leibhaftig anwesenden Vorwurf der Satire mit ihrer künstlerischen Vollendung aus der Welt zu schaffen. Bleiben soll nur das Kunstwerk. Hier ist seine sittliche Riesenkraft nicht zu bestreiten, nur zu bewundern, seine moralische Sauberkeit unantastbar. Die Reaktion der von manchen Übeln gepeinigten Menschheit kann nur währende Dankbarkeit sein.

Doch Dankbarkeit und Verehrung gebieten keinesfalls, ihm auch dorthin zu folgen, wo Einsichten, Meinungen und Empfindungen ihre Wurzeln in einem anderen Bereich als dem sittlichen liegen haben: auf das weite Feld literarischer und künstlerischer Neigungen, in die Welt der Dichtung, die er, als Kritiker und Schöpfer, mit der gleichen Radikalität und Unbedingtheit betrat wie den Schauplatz seiner Kämpfe gegen die Presse. Man sollte endlich aussprechen, daß er keineswegs der Dichter war, für den er sich selber hielt, für den er von vielen immer noch gehalten wird.

Seinen eigenen Dichtungen fehlt auf weiten Strecken die vegetative Kraft und der wärmende Atem des Lebendigen. Der Reiz, der von der fehllosen Diktion seiner Sprache ausgeht, fließt ausschließlich aus einer rationalen Leidenschaft, nur selten aus der Mitte eines gesammelten seelischen Zustands, wie etwa das Gedicht *Nächtliche Stunde*, mit dem es ihm gelungen war, das Faßbare seiner geistigen Existenz mit den einfachsten Mitteln in ein immer bewegendes Gleichnis zu bringen.

Auf diesem Feld versagte er zuweilen auch da, wo er nicht als Schöpfer auftrat, wo er als Kritiker die Hervorbringungen anderer nur wertete. Er tat es mit der gleichen Unbedingtheit, die aus der Quellkraft seiner moralischen Existenz floß. Diese führte dort, wo Toleranz höchste Güte bleibt, bis an die Grenze zum Fanatismus. Sie machte ihn blind für Erscheinungen, deren Existenz aus anderen Quellen als der seinen genährt wurde.

Doch verlangte er vom Leser auch hier unbeugsam Gehorsam und Gefolgschaft. Hier verkümmerte seine stolze Unbedingtheit oft zu bloßer Rechthaberei. Er hat wohl nie begriffen, daß es hier jedermann freistehen muß, entgegen seinen unwiderleglich scheinenden Plädoyers die Welt eines Dichters mit der Welt eigenen Wesens abzustimmen, insofern jedermann bereit ist, vor persönlichen Vorlieben die Qualität zu erkennen. Seine Polemik etwa gegen Stefan George und dessen Nachdichtungen der Sonette Shakespeares ist in Diktion und Stilistik von verführerischem Glanz, doch in dem Augenblick, wenn er die eigenen Beispiele dagegensetzt, fällt jeglicher Glanz ab. Sie kehren sich gegen ihn. Ratio und Logik sind da ohne Macht.

Auch sein Mitleid mit der gemarterten Kreatur habe ich niemals als wirklichen Trost empfinden können. In seinem Drama *Die letzten Tage der Menschheit,* in seiner Überdimension einem ›Marstheater‹ zugedacht, bricht es da und dort aus, aber nirgendwo ist es in der warmen, blühenden Zone des Herzens angesiedelt. Es kommt aus der Region eines unablässig aktiven Geistes. Es legt sich nicht wie Gras über geschlagene Wunden. Es findet im Menschen keinen Halt, es weist über ihn hinaus in eine außermenschliche Welt. Der Nörgler, der die Tragödie bis zum bitteren Ende begleitet, als das personifizierte Weltgewissen, rettet Erinnerung und Gedächtnis nur, um eine letztlich nicht zu fassende, überdimensionierte Schmach der Nachwelt preiszugeben. Es ist nicht die tröstende Stimme des Menschenbruders, die man so gerne hören und im Herzen aufnehmen möchte.

Die Anmerkung, daß er viele gekränkt und zurückgestoßen hat, die so wie er, aber auf ihre Weise, gewillt und bemüht waren, ihre menschlichen Aufgaben zu erfüllen, darf nicht unterdrückt werden, mag sie auch wehtun. Da kam Hitler und übernahm in Deutschland seine schreckliche Macht, und nach einer langen Periode des Schweigens ließ Kraus ein neues, das vorletzte Heft der *Fackel* erscheinen, mit der Gedenkrede auf Adolf Loos und dem Gedicht *Man frage nicht, was all die Zeit ich machte* ... Sein Wort, so bekannte er darin, sei angesichts des unfaßlichen Geschehens, das Hitler eingeleitet hatte, entschlafen. Man konnte dieses Bekenntnis nur mit Trauer und Respekt aufnehmen und ebenfalls schweigen. Doch weil Lucien Verneau im Prager *Aufruf* vom 1. November 1933 das Gedicht nachdruckte und das Bekenntnis darin achtungsvoll bedauerte, ließ Kraus durch seinen Anwalt das Verlangen einbringen, ein im zitierten Gedicht falsch gesetztes Komma zu berichtigen. Es ist, als hätte sich seine ›Sprachlehre‹ von der sie haltenden und nährenden

Substanz freigemacht und zu einer bloßen Konstruktion reduziert. In dieser erwachenden Welt der Barbarei hätte das Wort für den gequälten Menschen nicht einschlafen dürfen, wohl aber der Kampf um ein Komma.

Aber kann und soll man hier rechten? Er hat mehr als jeder andere getan, die Menschenkanaille anzuleuchten und ihren Schmutz aus der Welt zu schaffen. Er hat es mit der Kraft und Unbedingtheit getan, die in seiner Person gesammelt und aufbewahrt waren. Wo er geirrt hat, irrte er als Mensch, und wo er mit dem Despotismus seiner glaubensstarken Überzeugung anderen wehgetan hat, da mag er wohl selber darunter gelitten haben.

Ach, hätte er nur einmal ausgerufen: Seht her, auch ich bin nur ein Mensch!«

Anfangs las ich, eingerahmt von Musik, die Texte selber, gleichviel, von wem sie stammten. Es war eine Vermessenheit. Damals gab es noch keine Bandaufnahmen, man sprach direkt ins Mikrophon, jeder Sprachfehler lief mit, war vom Hörer unmittelbar zu vernehmen. Ich las unbekümmert fort, bis mich eines Tages Rudolf Henz zu sich bat. Guggenberger und Übelhör waren bei ihm, und alle drei waren sichtlich verlegen.

Schließlich zeigte mir Henz einen Hörerbrief. Der Absender war mir nicht bekannt und ist mir unbekannt geblieben. Es war schade, denn er hatte Humor. Sein Lob habe ich vergessen, nicht aber den Tadel. Ich kann ihn noch heute, nach mehr als dreißig Jahren, bis aufs letzte Wort hersagen: ». . . aber daß der Verfasser, dieser Unglücksrabe, selber spricht, mindert die Qualität beträchtlich. Er liest nämlich so monoton wie ein alter Landgeistlicher, und die nachfolgende Geistliche Stunde ist ein wahrer Operettentanz dagegen . . .«

Guggenberger machte den Vorschlag, ich möge auf Kosten der Ravag Sprechunterricht nehmen. Dazu ist es nie gekommen. Mein Auflachen befreite sie vom Kummer, und schließlich einigten wir uns darauf, daß künftighin statt meiner Schauspieler lesen sollten. Es waren Hans Frank, der Sohn von Lotte Medelski, und Benno Smyt, ein Sohn des Erzherzogs Eugen. Beide spielten im Volkstheater und waren ausgezeichnete Sprecher. Später kam noch Fred Hennings vom Burgtheater dazu. Von ihm wird noch zu sprechen sein.

Erfreuliches

War das nicht Lucio, der fröhlich-unbekümmerte Puffritter aus *Maß für Maß?* Wie wohl kam er hierher, und warum trug er nun einen rötlichblonden Bart ums Kinn?

Noch vor weniger als einem Jahr hatte er im Burgtheater seine herzhaft-lustigen Kapriolen geschlagen, und seine Zunge konnte nicht schnell genug sein, um mit bildhaften Sentenzen die Heuchelei im sittenstrengen Regiment des Angelo bloßzustellen. Jetzt, in der Julihitze, schob er einen Schubkarren vor sich her, beladen mit Schutt aus dem Innern des Stephansdoms.

»Ist die Welt noch, was sie war? Wie heißt nun dein Lied?« So hatte er damals dem Bierzapfer Pompejus zugerufen. »Ist die Welt noch, was sie war? Oder wie?«

Der da mit dem Schubkarren, das war Lucio, darüber gab es keinen Zweifel, und ich sah ihn in meinen Gedanken wieder, wie er ohne Bart und im seidenen Wams auf die Bühne sprang und im Nu die Szene beherrschte. Wer oder was hatte ihn gezwungen, die Schaufel in die Hand zu nehmen und aus dem Innern des Doms den Schutt herauszuführen?

Gezwungen? Überredet? In den kraftvollen Bewegungen des großgewachsenen Mannes war kein Zwang zu erkennen, dieses beklemmende Merkmal der Unterdrückung, gehe sie aus von wem immer. Eher schon hatte es den Anschein, hier tat einer in Übereinstimmung mit sich selbst, wozu man andere zwingen mußte.

Lange sah ich dem Mann zu, mit dem Rücken zur Dombuchhandlung, vor mir den großen Schutthaufen, der doch nur ein Häufchen war in der Summe der großen

Weltzerstörung. Immer wieder tauchte er aus dem Innern der Kirche hervor, den vollen Schubkarren sicher auf die ausgelegten Bretter lenkend, um sie oben, auf dem Schutthügel, zu entleeren. War's getan, nahm er zuweilen die eine Hand vom Griff, fischte ein Tuch aus der Hosentasche und wischte den Schweiß vom Gesicht. Frei und offen sah er dann von der selbstgeschaffenen Höhe nieder auf die Vorübergehenden. Eine Weile ruhte sein Blick auch auf mir. Dann ergriff er wieder den Schubkarren und zog ihn hinter sich her ins Innere des Doms.

Auf diese Weise sah ich zum ersten Mal Fred Hennings privat, obgleich das Private ihm damals weitgehend entzogen war. Wie ungezwungen immer er auch mit dem Schubkarren hantierte, so stand er jetzt doch unter dem Zwang der Verhältnisse. Er hatte ihn angenommen, wenn nicht aus freier Entscheidung, so doch aus eigener Einsicht, und das war es wohl, was mich so lange an dem Platz vor der Dombuchhandlung festhielt. Ich erinnere mich des in der Stadt umlaufenden Ausspruchs: Hennings sei der einzige Illegale von Wien. Wo andere Ausflüchte machten und sich auf jede Weise herauszureden versuchten, hatte er offen einbekannt, er sei noch vor dem Anschluß Mitglied der damals noch illegalen Nazipartei geworden.

Die kleine Szene hinter dem Nordturm der Stephanskirche verschwand mit den hinsinkenden Tagen, doch nicht für immer, gelegentlich drängte sie sich wieder in mein Gedächtnis. Der beliebte Burgschauspieler, der sich auch mit seinen Vorträgen über die Topographie Wiens einen Namen gemacht hatte, erschien dann in doppelter Gestalt: als Lucio, wie ich ihn zuletzt auf der Bühne gesehen hatte, und als der Mann mit dem Schubkarren auf dem Platz hinter dem Dom, der ja auch so etwas wie eine Bühne war, wenn auch unter freiem Himmel. Und aus noch größerer Zeitenferne schob sich auch der Cassius hinein, was kein Wunder war, stand doch der *Julius Cäsar* auf dem Spielplan, als ich zum ersten Mal im Zuschauerraum des Burgtheaters war.

Dieses Shakespeare-Drama war bis zu diesem Tag mein größtes Theatererlebnis gewesen, und merkwürdigerweise ist es das durch die Jahre hin auch geblieben. Keine Aufführung in dieser oder jener Stadt, war's nun in Frankfurt, in Berlin oder bei den Festspielen in Salzburg, habe ich mit der gleichen Intensität der Sinne und des Verstandes aufgenommen wie diesen *Julius Cäsar* in der Inszenierung von Carl Ebert. Werner Krauss hatte den Cäsar gespielt, Ewald Balser den Brutus, und niemals vergessen werde ich Raoul Aslan in der Rolle des Marc Anton. Ich glaubte, unmittelbar Zeuge zu sein beim ersten Auftreten des Demagogen in der Welt, und was auch die Herren Politiker in neuer und alter Zeit aus dieser Figur gemacht haben, es blieb doch immer nur ein schwacher Aufguß von Aslans theatralischer Leistung. Einer von diesen Politikern, Joseph Goebbels, hatte allerdings einen anderen Eindruck von der darstellerischen Leistung Aslans empfangen. Ein Jahr später, bei gleicher Inszenierung und Besetzung, soll er weithin vernehmlich gefragt haben: »Wer ist denn eigentlich dieses larmoyante Frauenzimmer?«

Den Cassius nun, dem Cäsar in allem mißtraut, dieses hagere Gegenbild aller dicken und zufriedenen Leute, den Kerl mit dem hohlen Blick und der gefürchteten Denkkraft, hatte Hennings gespielt, und so wie ich ihn gesehen hatte und er mir in der Erinnerung erhalten geblieben war, nistete finstere Verschwörung in allen Falten seiner Tunika. Und doch war's auch ein herzhafter Mann, tapfer bis zur Verwegenheit, seinen Vorstellungen über das richtige Verhältnis zwischen Staat und Bürger treu ergeben. Wie denn das Zwielichtige des Verschwörers, treibt ihn nicht Eigennutz und Machtwahn, sich vom klaren Grund eines Menschenwesens besonders deutlich abzuheben pflegt.

So war's schließlich auch kein Wunder, daß dieser temperamentgeladene und doch gebändigte Cassius sich in meinen Vorstellungen dem ungezügelten Lucio zugesellte und sich endlich auch mit dem Mann verband, der nun seinen Schubkarren, angefüllt mit Schutt, aus dem Inneren der Kirche rollte und auf dem Hügel ablud, gezwungen wohl von außen her, aber innerlich frei. Seine ganze Haltung drückte ein offenes Ja zum Unvermeidbaren aus.

Er war, wie gesagt, der einzige illigale Nazi von Wien. Ich fühlte mich trotzdem zu ihm hingezogen.

Doch den Mann mit dem Schubkarren, den »Baraber«, der keiner war, sollte ich kein zweites Mal zu Gesicht bekommen, obgleich mein Weg mich noch oft am Platz seiner Sühnearbeit vorüberführte und ich angestrengt nach ihm Ausschau hielt. Und den Schauspieler auf der Bühne erst nach fast drei Jahren, im Februar 1948, als Thoas in Goethes *Iphigenie auf Tauris.* Inzwischen waren wir längst Freunde geworden.

Die erste, wirklich persönliche Begegnung mit Hennings vermittelten mir der Architekt Max Fellerer, damals Rektor der Hochschule für angewandte Kunst, und mein Freund Milan Dubrovic. Fellerer hatte von der genauen Karte gehört, die Hennings über die Kriegsschäden im ersten Bezirk angefertigt hatte. Wir besuchten den Schauspieler in seiner Wohnung in der Wohllebengasse.

Wir hatten allen Grund, seinen Kriegsschadenplan zu bewundern. Der Ernst, die Mühe und Arbeit, die seine Herstellung erfordert hatten, waren freilich nicht mit einem Blick zu erkennen. Doch war ich sofort bereit, den Plan auf den beiden Mittelseiten der Zeitschrift abzudrucken und so der Öffentlichkeit zu präsentieren.

Doch behielt ich das einstweilen für mich, und während wir mit wachsendem Respekt feststellten, daß in dem Plan jedes Haus verzeichnet war, jede Kirche, jedes Palais, die unter der Einwirkung von Luftangriffen, Artilleriebeschuß oder Brand ganz oder teilweise zerstört worden waren, überdachte ich im stillen die augenblickliche Situation des Mannes, der mit der gleichen inneren Bereitschaft diese Arbeit auf sich genommen hatte, mit der er den Schutt aus dem Inneren der Stephanskirche weggeräumt hatte.

Er war, angewidert von der Minidiktatur des sogenannten Ständestaats, illegaler Nazi geworden. Die bald darauf einsetzende Wirklichkeit des Nationalsozialismus hatte ihn tief enttäuscht. Er entdeckte, daß seinem kurzlebigen Idol jede sittliche Grundlage fehlte. Das Erwachen aus der Illusion war bitter, sie führte in fast unerträgliche Leere. Die Dynamik seines Wesens ließ das Verharren in dieser Seelenlage nicht lange zu. Er widmete jede freie Stunde dem Studium der Topographie Wiens, immer häufiger war er in den Archiven anzutreffen, und die Resultate seiner Forschungen über den Einklang der historischen und der baulichen Entwicklung machte er in Vorträgen bekannt, die in Wien bald Aufsehen erregten, nicht nur deshalb, weil der beliebte Schauspieler sie wie eine Rolle einlernte und frei aus dem Gedächtnis hersprach. Vielmehr machte der insgesamt merkwürdige Vorgang Eindruck: Indem der politisch entwurzelte Mann seinen Zuhörern Traditionen offenlegte, gab er zugleich ihrer Gegenwart Stütze und einen weiterhelfenden Trost für eine scheinbar verlorengegangene Heimat.

Von diesen Vorträgen hatte mir Frau Schneller erzählt, die mir dabei versicherte, wer so wie Hennings spräche, könne kein Nazi sein, und auch daran dachte ich, während ich diese Dokumentation der Schäden besah, die der Irrsinn des Krieges in einer Region angerichtet hatte, die am sinnfälligsten die imperiale Würde der alten Habsburgerresidenz offenbart. Sie war ein erster Beitrag zur Heilung der Wunden, die der Stadt geschlagen worden waren, und Hennings zögerte nicht, ihn zu leisten:

». . . Aus dem Gefühl dieser Verpflichtung heraus war es für mich selbstverständlich, daß ich mich nach Beendigung des Krieges daran machte, dessen Auswirkungen auf die Innenstadt von Wien zu untersuchen, Ausmaß und Daten der Schäden gewissenhaft festzustellen und deren wichtigste in einem Verzeichnis mit dazugehörigem Plan festzuhalten. Da sich die einschlägigen aktenmäßigen Unterlagen leider als unzureichend erwiesen, blieb mir zur Feststellung der einzelnen Daten nur das Mittel der persönlichen Begehung übrig. Vier Monate ging ich tagsüber im ersten Bezirk von Haus zu Haus, um deren Schäden festzustellen, die ich dann nach meiner Heimkehr auf das genaueste in einen Plan eintrug . . .« So hat er später schriftlich festgehalten, was er jetzt in der Wohnung uns zu dem Plan erzählte.

Dieser Plan, so empfand ich immer deutlicher, durfte in keinem Archiv vermodern, doch stand dem Vorhaben, ihn der Öffentlichkeit zugänglich zu machen, ein schwer zu umgehendes Hindernis entgegen: Die Regierung hatte in Übereinstimmung mit den Besatzungsmächten einen Erlaß herausgegeben, in dem eindeutig verboten war, die Arbeit eines Illegalen zu veröffentlichen, gleichviel, was immer sie darstellte. Und hier ist es wohl erlaubt, Hennings selber schildern zu lassen, wie es uns gelungen war, dieses Verbot zu umgehen. Im dritten Band seiner Lebensdarstellung *Heimat Burgtheater* erinnert sich der bald Achtzigjährige an diese Tage:

»Anfang Jänner 1946 suchte mich der Architekt Max Fellerer, Rektor der Hochschule für angewandte Kunst, in meiner Wohnung in der Wohllebengasse auf. In seiner

Begleitung befand sich der Chefredakteur der *Wiener Bühne,* Franz Taucher, und einer seiner Mitarbeiter, Redakteur Milan Dubrovic. Sie hatten von meinem Kriegsschadenverzeichnis und dem dazugehörigen Plan gehört. Von den Herren des Stadtbauamtes, mit denen ich in reger Verbindung stand, hatte Architekt Fellerer überdies erfahren, daß ich mich im Augenblick intensiv mit dem Problem der Neugestaltung des Stephansplatzes befaßte, was sein Interesse erregte. Nach einer eingehenden Besprechung und der Besichtigung meines Kriegsschadenplanes entschloß sich Franz Taucher, diesen in der *Bühne* zu publizieren. Da damals noch die Veröffentlichung der Arbeit eines Illegalen verboten war, wandte sich Taucher an den Kulturstadtrat Dr. Viktor Matejka, um dessen Meinung einzuholen. Matejka war nicht nur dafür, sondern erbot sich sogar, die Veröffentlichung des Plans in der *Bühne* persönlich mit einem Vorwort einzubegleiten. An dessen Ende hieß es unter anderem:

›Fred Hennings war der erste Nationalsozialist, der sich mir gegenüber freimütig und ohne Hintergedanken als solcher bekannte, seinen Irrtum eingestand und auch innerlich bereit war, auf unbestimmte Zeit mit den Schutträumern in die Stephanskirche zu gehen. Dort arbeitete er monatelang mit seiner ganzen Kraft und, wie er versicherte, glücklich darüber, wenigstens dieses schwache Zeichen eines Bekenntnisses seiner Schuld geben zu können. Bei der besonderen Herausstellung seines Verhaltens soll die innere Bereitschaft auch anderer, die sich zu einer praktischen Wiedergutmachung bereit fanden, gleichfalls anerkannt werden.

Fred Hennings hat sich seit Jahren dem Studium der Topographie Wiens gewidmet und mit einem erstaunlichen Aufwand an Zeit, Arbeit und Geld ein Archiv der Baulichkeiten der Inneren Stadt zusammengetragen, das in seiner Art einzigartig ist. Tausende Photographien der

Häuser, Kirchen und Paläste vor und nach den Bombardements bilden ein Reservoir architektonischer Dokumente von unabschätzbarer Kostbarkeit. Die historische Gegenüberstellung alter Stiche mit dem Ruinenfeld der Gegenwart bildet für die städtebauliche Planung und für das Konzept des Wiederaufbaus eine in dieser Form noch nicht bestehende Quelle.

Ich stehe nicht an, Fred Hennings öffentlich die Hand zu reichen und ihm nicht nur für die Arbeit zu danken, die er für den künftigen Wiederaufbau Wiens geleistet hat, sondern noch mehr für seine freimütige Art, mit der er einen Irrtum einbekannt hat. Er ist der beispielgebende Fall des irrenden Menschen, der Kraft genug besitzt, wieder den rechten Weg zu gehen, sobald er ihn erkannt hat. Ich schätze Herrn Hennings um vieles höher als die Masse der farblosen Schleicher, die jedesmal dann zur Stelle ist, wenn sie glaubt, bei gutem Wind etwas ernten zu können.

In ihm habe ich einen Mann kennengelernt, den ich seit langem als Künstler schätze. Ich hoffe, daß er bald wieder den Weg ins Burgtheater zurückfinden wird. Wien braucht Männer und Künstler, wie er einer ist.‹

Durch diese tolerante und anerkennende Haltung Dr. Matejkas war es mir möglich, auch zur Zeit meiner Diffamierung ungestört im Dienste Wiens weiterarbeiten zu können. Damit aber war mein freierwählter Nebenberuf zum Hauptberuf geworden, der im Laufe meines weiteren Lebens eine immer entscheidendere Rolle spielen sollte. Im März 1946 war mein Kriegsschadenplan in der *Wiener Bühne*, die der Publizist und Schriftsteller Franz Taucher vom August 1945 bis zum Juni 1950 geleitet hat, erschienen. Damit begann jene Freundschaft, die in schwerster Zeit entstand und durch das Auf und Ab von mehr als einem Vierteljahrhundert bis heute festgehalten hat. Viel Gemeinsames in der Art eines unbekümmerten

Lebensgenusses, restlose gegenseitige Aufrichtigkeit und, trotz unserer verschiedenen Herkunft, viel Ähnliches in der charakterlichen Grundhaltung waren der Kitt unserer Beziehung. Seitdem ich mich als Schriftsteller versuchte, wurde Franz Taucher, den ich gerade auf diesem Gebiet so überaus hoch schätze, über unsere persönliche Freundschaft hinaus auch noch zu meinem literarischen Mentor ...«

Der gute Viktor Matejka! Er war das, was man heute einen linksorientierten Katholiken nennt, als ihn die Nazi gleich nach Übernahme der Macht verhafteten und nach Dachau brachten. Er hat die sieben Jahre dort überlebt, kein Mensch, den nicht rohe Neugier treibt, würde im einzelnen wissen wollen, wie. Ich nenne es Gnade. Als er wiederkam, war er Kommunist. Oder sollte ich besser sagen: Mitglied der Kommunistischen Partei? In meinen jungen Tagen hatte man eine Vorliebe dafür, den Sozialismus mit dem Urchristentum zu vergleichen. Ich kam bald dahinter, daß jene, die den Vergleich liebten, weder den einen noch das andere repräsentierten, und schon gar nicht deren Synthese. Dahinter verbarg sich zumeist Unwissen, verbunden mit Kirchenfeindlichkeit.

Ich habe niemals von mir aus Verbindung zu Politikern aufgenommen, es waren die Umstände, die mich mit diesem oder jenem bekannt machten. Auch bei Matejka war es so. Hennings war ihm bereits persönlich begegnet, und Matejka war von sich aus sofort bereit, helfend einzugreifen. Als ich ihn kennenlernte, wäre mir niemals eingefallen, nach seiner Parteizugehörigkeit zu fragen, so sehr war er Person, anteilnehmender Mensch. Die Funktion des Stadtrats für Kultur hat er in keinem Moment nur politisch aufgefaßt, sein hochentwickelter Sinn für Qualität hätte das nicht zugelassen.

Seine Amtsführung war eine geradezu herausfordernde Verspottung jedweder Bürokratie. Souverän setzte er sich über die eingefahrenen Regeln hinweg. Ein Vorgang ist mir besonders deutlich in Erinnerung: Dem Filmregisseur Pabst wurde der Ehrenring der Stadt Wien verliehen, daneben gab es eine kleinere Ehrung für den Inhaber einer Fleischfabrik, der zugleich Präsident des Wiener Trabrennvereins oder einer ähnlichen Vereinigung war. Nach dem Festakt führte Matejka den in Hochstimmung befindlichen Geehrten in sein Büro und zeigte ihm einige Bilder des Malers Werner Berg, darunter die herrliche *Sauschlachtung*. Dieses Bild müsse er kaufen, damit würde er der eben vollzogenen Ehrung eine zusätzliche Bedeutung geben. Der im Grunde biedere Mann, auf solche Weise angesprochen, nahm die Zigarre aus dem Mund und fragte etwas verdutzt, was er mit dem Bild anfangen solle. Gewiß hatte er in seiner Wohnung ganz andere Bilder hängen. In die Auslage eines seiner Geschäfte stellen, erwiderte Matejka kurz. Der Mann war in weicher Stimmung und Matejka ein besonderer Freund und Förderer der Maler.

Mit seinem öffentlichen Eintreten für Hennings hatte er sich einfach über eine Bestimmung hinweggesetzt, an die damals kein anderer hätte rühren mögen. Das machte das Erfrischende und Herzhafte in seiner Amtsführung aus. Er hatte erkannt, es könne das Vergleichbare zwischen Individuen niemals aufgehen, wohl aber könne man Verhaltensweisen miteinander vergleichen und daraus gültige Schlüsse ziehen. So wäre ihm niemals eingefallen, die politische Begabung Hennings anzuleuchten, er wußte, er hätte sie nie finden können, auch nicht mit der Laterne. Doch mit dem ersten Blick entdeckte er in dem Mann dessen brennende Wahrheitsliebe, die Festigkeit seines Charakters, den Mut und die Noblesse, einen einmal begangenen Fehler ohne Rücksicht auf die Folgen einzugestehen.

In der damaligen Phase des beflissenen Verschweigens

und Vertuschens, des Verleugnens und der Heuchelei war das Verhalten von Hennings ein aufleuchtendes Beispiel. Wie wohltuend wäre es gewesen, hätte es einen Widerschein auch anderswo gegeben, in den verschiedenen Fakultäten von Wissenschaft und Kunst. Wären deren Vertreter, die 1938 ihr Bekenntnis zu Hitler nicht laut genug hinausschreien konnten, aus der Zone des Schweigens herausgetreten, um einzugestehen: Wir sind im Geiste schuldig geworden, nun mag uns Gott helfen. Kein vernünftiger und gewissenhafter Mann hätte ihnen den Respekt versagen können.

Hennings hat der Stadt Wien, ihrer historischen und baulichen Entwicklung, viele Vorträge und fast zwanzig Bücher gewidmet. Jeder Vortrag war ein Ereignis, zu der Premiere erschien fast jedesmal der amtierende Bundespräsident. Der erste Präsident der wiedererstandenen Republik, Karl Renner, hat es sich nicht nehmen lassen, Hennings zu sich zu bitten, um ihm seine Rehabilitierung persönlich mitzuteilen. Bevor Hennings zu dieser Audienz ging, besuchte er mich in der Redaktion. Mir ist der etwas strapazierte Lodenanzug, den er trug, noch deutlich in Erinnerung. Der Vorhaltung, er hätte für diesen Gang einen anderen Anzug wählen können, begegnete er mit dem Hinweis: »Nein, der Herr Bundespräsident soll mich in dem Gewand sehen, in dem ich in den Wäldern um St. Veit an der Gölsen Holz gefällt und aus der Stephanskirche den Schutt herausgeholt habe.«

Er war nicht in Wien geboren. Erst mit elf Jahren, 1906, war er als Franz von Pawlowski in die Hauptstadt gekommen, um im Theresianum einen von den einundzwanzig Freiplätzen einzunehmen, die Maria Theresia »für katholische Jünglinge aus den deutschen Erblanden« gestiftet hatte. Sein Großonkel war dort über vierzehn Jahre Direktor gewesen, sein Vater hatte diese

»akademische Pflanzschule« ebenfalls absolviert. Am Horizont des Knaben zeichneten sich die Konturen einer hohen Stellung in der Staatsverwaltung ab. Hier sollte er den gesellschaftlichen Schliff erhalten und eine umfassende Bildung erwerben. Vom Theater, vom Burgtheater gar, war in diesem Zusammenhang nicht die Rede. Es war auch in flüchtigen Gedanken nicht vorhanden.

Doch gehörte zu den Erziehungsmethoden des Theresianums auch der regelmäßige Besuch des Burgtheaters. Über die Wirkung dieser Theaterbesuche auf das Gemüt der Zöglinge kann man in den Lebenserinnerungen eines Jahrgangskollegen von Hennings, des Paneuropäers Richard Coudenhove-Kalergi, nachlesen: »Oft wurden wir in das Burgtheater zu den Klassikervorstellungen geschickt. Die pädagogische Wirkung war ausgezeichnet. Keine Moralpredigt kann auf ein junges Gemüt einen ähnlichen starken Einfluß ausüben wie ein klassisches Drama, das im höchsten Sinne des Wortes moralisch ist.«

Die beiden waren freilich im Naturell grundverschieden. Der in seinen Ideen achtunggebietende Paneuropäer begann schon mit fünfzehn Jahren die Werke der großen Philosophen zu lesen, während Hennings sich ganz und gar dem Sport und Vergnügen hingab. So war denn auch die Wirkung der Burgtheaterbesuche unterschiedlich. Der sinnenfrohe, alles eher als kontemplative Knabe nahm alles Geschehen auf der Bühne mit seinen Sinnen auf. »Gerüche sind wie nichts anderes imstande, Erinnerungen wachzurufen«, bekennt er später, so anschaulich wie genau, und fährt fort: »Auch meine früheste Erinnerung an das Burgtheater prägte sich mir über den Geruchsinn ein. Unvergleichlich jener ganz eigenartige Geruch, der mich umfing, als ich vor mehr als fünfundsechzig Jahren zum ersten Mal in meinem Leben das Burgtheater betreten habe. Es war ein Kompositum aus dem Geruch spiegelblank gescheuerter, mit Wachs eingelassener Parkettböden, dem Duft edler Hölzer und Bespannungen sowie einer Anzahl von auf Leinwand gemalter Fresken und Porträts, die mit ihrem Dreiklang von Farbe, Lack und Firnis jenes Parfüm erzeugten, das man in jeder der berühmten Bildergalerien Europas zu verspüren bekommt. Wie dort, gab es für mich bei meinem ersten Besuch noch lange vor dem Aufgehen des Vorhangs unendlich viel zu schauen. Beim Anstieg einer der Feststiegen wurde der Blick immer wieder in die Höhe gerissen, um die Deckenfresken von Matsch zu bestaunen. Im Hauptrund des Halbfoyers verhielt man vor den Schauspielerporträts den Schritt, während über einem die Figuren aus Charlemonts *Sommernachtstraumfresko* dahinschwebten. Dann ging es in eine der Logen des ersten Ranges. Denn wir Theresianisten erlebten das Burgtheater nicht wie die meisten Jugendlichen von der Höhe der IV. Galerie oder von der Niederung des Stehparterres aus, sondern saßen, wie es sich eben für die Jeunesse dorée von Wien gehörte, entweder in den Logen oder auf den Parkettplätzen . . .«

Jede Wirkung hat ihre Gegenwirkung. Wie stark diese ist, hängt nicht nur von der Ausstrahlung ab, sondern mehr noch vom Temperament und der Empfindungsfähigkeit des Angestrahlten. Bei Hennings war sie unmittelbare Verzauberung der Person. Er setzte das erlebte Geschehen auf der Bühne in eigene Aktion um. Georg Reimers etwa als Marquis Posa begeisterte ihn so sehr, daß er sich hinsetzte und die große Szene zwischen Posa und König Philipp auswendig lernte. Zugleich machte ihn diese Fähigkeit des Nachempfindens zum beliebten Sprecher des Theresianums und schließlich zum Festredner bei der Kaiserpreisverteilung im Jahre 1913. Das damalige Burgtheater erzielte hier auch eine Nebenwirkung: Die Bestellung zum Festredner bedeutete, daß dieser bei der Reifeprüfung nicht durchfallen durfte. Zugleich drängte sie den Achtzehnjährigen zu einer Konsequenz, die seinem impulsiven Wesen entsprach und als ein Gleichnis gewertet werden kann für viele entscheidende Handlungen des reifen Mannes: In Uniform mit Degen spricht er dem einstigen Burgschauspieler Ferdinand Gregori vor, um zu erfahren, ob sein Talent für die Bühnenlaufbahn und für die weitere Ausbildung reiche.

Der vergangene, unwiederholbare Zusammenklang von Theresianum und altem Burgtheater hat ihn als Schauspieler geformt und geprägt. In den zahlreichen Rollen, die er während seiner fünfzigjährigen Zugehörigkeit zum Burgtheater übernommen hat, war ein Nachklang davon aufbewahrt; in den vielen Abwandlungen, die ein Schauspieler auf die Bühne bringen muß, um alle Höhen und Tiefen des Menschendaseins glaubhaft vorzuführen, war er als Widerhall zu vernehmen: die Würde und Menschlichkeit, die im Text des Thoas liegt, bekam davon eine besondere Weihe, die tragischen Schatten um den Oberst Ragosin in Csokors *3. November 1918* vertieften sich, machten bedrängende Ahnungen zu schmerzlichen Gewißheiten, die Melancholien in den Schnitzler-Rollen ergriffen stärker als sonst. Wie mit Sonnenschrift waren in den Schild seiner Schauspielerpersönlichkeit die Worte eingeschrieben: Noblesse und Mut.

Sie galten auch für seine Person, es waren die Schlüsselworte für seinen Charakter, für die Impulsivität seines Wesens, für die Tugenden eines Mannes, der sich aus den gängigen Konventionen seines Herkommens gelöst hat, nicht um sie bewußt zu zerstören, sondern um zu beweisen, daß der Mensch als Individualität stärker ist als Regeln einer erstarrten Zivilisation. Daß er zu allen Zeiten eine immergrüne Hoffnung bleibt.

Doch ist das Ausbrechen aus leeren Konventionsformeln nicht auch ein Protest gegen Tradition und Überlieferung. In seinen vielen Vorträgen und Büchern und zuletzt in seinem dreibändigen Werk *Heimat Burgtheater* hat er sich stets zu ihnen bekannt und ausgesprochen, daß Kultur in ihren vielen Nuancen immer nur ein formbewußter Ausdruck für eine durch Geschlechter sich bewährende Überlieferung ist, und im zweiten Band, der unter dem Titel *Das republikanische Hoftheater* den Übergang des Burgtheaters von der Monarchie zur Republik schildert, bewundert er unverhohlen die unvergleichliche Art einer Tradierung, mit der die äußeren und inneren Schwierigkeiten überwunden wurden. Es war die lebendige Überlieferung, die im Hause fortdauerte, der nicht näher zu definierende Geist des Burgtheaters, die das Nichts, das heißt jene Leere überwinden halfen, die sich stets im Gefolge einer gesellschaftlichen Umwandlung ausbreitet.

In der festlichen Ansprache, die Hennings für Otto Tressler zu dessen sechzigjähriger Zugehörigkeit zum Burgtheater gehalten hat, schwingt freilich auch die leise Wehmut mit, mit der da einer das mögliche Ende einer solchen Überlieferung herankommen sieht: »... Den Begriff eines Burgschauspielers zu definieren, ist fast ebenso schwer, wie den vielberühmten Geist unseres Hauses zu erklären. In ihm liegt keinerlei künstlerisches Werturteil beschlossen. Denn gut Theater gespielt wird auch anderswo. Was aber macht dann einen Schauspieler zum Burgschauspieler? Ich glaube, über alles körperliche und künstlerische Maß hinaus vor allem eine ganz bestimmte Dichte und Fülle im Menschlichen einer Persönlichkeit, für die die Begriffe Ehrfurcht und Treue, Kameradschaft und selbstlose Einordnung in das Konzert unseres Ensembles noch gültig sind. Nur der mit einem künstlerischen Familiensinn Begabte kann ein echter Burgschauspieler werden. Dieser Titel kann nie und nimmer verliehen, sondern nur durch eine echte Bewährung im Menschlichen erworben werden. Es ist ein Familienname im schönsten Sinn des Wortes und wird von Generation zu Generation weitervererbt. Solange es Burgschauspieler dieser Art gibt, solange wird es auch ein Burgtheater geben . . .«

Gar oft bin ich im wärmenden Licht der Freundschaft gestanden. Es hat die Unterschiede im Alter, im Herkommen und in der gesellschaftlichen Stellung stets überstrahlt. Denn Freundschaft ist vom Grund her eine Zustimmung zur Welt und zum Menschen. Sie bewahrt Treue und Toleranz, unterhält ein unauflösliches Bündnis mit der Liebe zum Wahrhaftigen, mit der Ehrfurcht vor dem Lebendigen. Daß sie der Hingabe fähig ist und Vertrauen gleichermaßen fordert und gibt, wissen wir nicht erst seit Schillers *Bürgschaft*. Dies alles bricht auf und drängt zum Licht, wird Freundschaft genannt, verstanden und gelebt.

Erinnerungen, löst man sie von den besonderen Bedingungen einer durchlaufenen Lebensbahn, basieren auf Anruf, Gruß und Abschied: Wie bin ich froh, einen von den Freunden immer noch grüßen und anrufen zu können!

Demarkationslinie

Noch im Dezember 1945 kamen Wickenburg und Thalmann. Nach dem Abgang von Siegfried Melchinger, Georg Fraser und Rudolf Weiß bildeten sie fortan den Stamm der Redaktion, denn auch Milan Dubrovic sollte ihr bald verlorengehen. Wickenburg, Thalmann und ich waren die drei Österreicher, die dem Verband der *Frankfurter Zeitung* angehört hatten. Zufall und Absicht führten hier gleicherweise Regie.

Beide waren nach den Kriegsereignissen in Salzburg hängengeblieben, Wickenburg in Kasern, seinem Geburtsort, Thalmann, aus amerikanischer Kriegsgefangenschaft entlassen, in Mariapfarr im Lungau. Dort besaß seine Frau ein Haus, das Fundament aus Steinen gemauert, der Aufbau aus Holz gefügt. Mit ihren drei Kindern hatte sie dort die letzten Kriegsjahre zugebracht. Für Wickenburg und mich war das Haus, verschönt durch Thalmanns Gastfreundschaft, stets eine willkommene Zuflucht gewesen.

Thalmann war in Österreich zweimal promoviert worden und hatte überdies während eines längeren Aufenthaltes in Kanada den Titel eines Magisters erworben. Ich hatte ihn 1936 in Graz kennengelernt. Er war ein Mann, dem Gelehrsamkeit gleichsam aus allen Poren drang, und nur der Witz, mit dem er sie zu formulieren verstand, machte ihn auch einer biederen Gesellschaft erträglich. Einen Tag nach der Machtergreifung der Nationalsozialisten wurde er verhaftet. Über den Text der Karte, die er aus dem Zwangsaufenthalt in der Paulustorgasse hinauszuschmuggeln wußte, haben seine Frau und ich lange nachgesonnen. Ein gutes Gewissen sei nicht immer ein sanftes Ruhekissen, war dort zu lesen. Es war seine Frau, die schließlich begriff, was damit gemeint war, und ihm ein Kopfpolster brachte.

Nach seiner Haftentlassung nahm ihn die *Frankfurter Zeitung* als Redakteur für den Handelsteil auf. Ein Schreibverbot durch die Gestapo reiste ihm alsbald nach. Die Zeitung behielt ihn trotzdem bis zu ihrem Verbot. Er kam zum Militär, geriet in Gefangenschaft, und nun war er wieder hier und schrieb in der *Wiener Bühne* neben anderen Beiträgen seine humorvoll-bissigen Glossen, von denen ich eine, *Solon und der Engel,* hierhersetzen möchte:

»Können Engel irren? Hatte Solon recht?

Ehre sei Gott in der Höhe und auf Erden Friede den Menschen guten Willens, so hatte der Engel verkündet, und es mag gleichgültig sein, ob er, wie die altlateinische Übersetzung des Lukasevangeliums ausdrückt, Friede, oder ob er das griechische Wort meinte, das seinerseits auf hebräisch Heil, Glückseligkeit bedeutete. Wie die Menschen seither herausgefunden haben müßten, ist Friede und Glückseligkeit dasselbe. Man wird also mit dem Engel nicht auf philosophisch rechten. Es kann aber nicht übersehen werden, daß der Engel, trotz der wichtigen Botschaft, die er den um die Krippe Versammelten brachte, eine noch wichtigere zu verkünden unterlassen hatte. Er sprach von Frieden und Wohlergehen und richtete seine Botschaft an die Menschen, die guten Willens sind, was, nicht nur nach einer anderen Textauslegung, soviel bedeutet wie Menschen, die zu den Kindern Gottes gezählt werden dürfen. Dagegen sagte er gar nichts von den drei Parteien. Das ist nun eine höchst merkwürdige Auslassung, die nicht ganz in Einklang zu bringen ist mit der Auffassung der Gegenwart, wo wiederholt die Meinung vertreten wird, daß, wenn schon nicht Friede, so zumindest Glückseligkeit nur im Schoße einer Partei gefunden werden könnte.

Es ist gar nicht einzusehen, warum nicht jeder Mensch einer der drei Parteien angehören sollte, sagte vor wenigen Tagen ein Nationalrat, der selbst nicht nur einer dieser Parteien angehört, sondern überzeugenderweise auch der zur Zeit größten. Er sprach damit eine Meinung aus, zu der ihm, was immer sie sonst sagen mochten, die Vertreter der anderen Parteien herzlich gratulierten. Die öffentliche Praxis hat diesen Text aufgenommen und singt ihn auf mannigfaltige Weise. Das müßte also so recht nach dem Herzen eines der sieben Weisen sein, der Solon hieß und fünfhundertvierundneunzig Jahre vor dem Engel die verworrenen Zustände in Athen ordnen sollte. Ehe er sich den Konsequenzen seiner politischen Spenglerei durch eine Geschäftsreise (oder Flucht, wie andere meinen) entzog, ordnete er an, daß bei den mit Sicherheit aus seinen Reformen zu erwartenden Bürgerkriegen jedermann bei Todesstrafe Partei zu ergreifen habe. Auf welcher Seite immer.

Wie die Geschichte aber dann bewies, nützte diese erzwungene Konskription aller Seelen in die Bataillone der Politiker nicht viel. Ihre Probleme wurden deswegen nicht gelöst, keine Partei kam ihrem Ideal, allc anderen aus der Welt zu schaffen, näher. Es gab weiterhin Bürger, die vernünftiger waren als der weise Solon und sich um seinen Befehl nicht kümmerten. Nachdem ihre Zahl im Laufe der Jahrhunderte zusammengeschmolzen war und schließlich die Parteileidenschaft in Griechenland den letzten Dochtputzer ergriffen hatte, war freilich doch die vollkommene Politisierung erreicht. Mit der Größe des griechischen Volkes war es vorbei.

Ungefähr um diese Zeit erschien dann der Engel.«

Thalmanns Frau hatte das Haus in Mariapfarr von ihrem Vater, dem Baron Gruber-Menningen, geerbt. Über ihn hat Alexander Spitzmüller, der letzte Finanzminister der Monarchie, in seinem Erinnerungsbuch *Und hat auch Ursach', es zu lieben,* das Folgende geschrieben: ». . . Vor allem nenne ich hier den mir unmittelbar vorgesetzten Sektionschef Dr. Ignaz Gruber, den späteren Gouveneur der Österreichisch-ungarischen Bank. Er war namentlich in Währungsfragen ein glänzend geschulter Fachmann und der Autor der Währungsreformgesetze des Jahres 1892 . . .« Doch erinnerte das Haus in Mariapfarr in nichts an den Glanz dieser Finanzwelt. Es war ein bescheidenes Holzhaus und hatte nicht genug Platz für einen längeren Aufenthalt für meine Frau und das Kind.

Ein solcher Aufenthalt war geplant. Mein Sohn hatte seinen ersten Geburtstag im Keller des Hauses in der Weißgerberstraße verbracht, während oben im Hof eine Stalinorgel ihre Geschosse in die Praterauen lenkte. Später, als der Kampf vorüber war, hatte Maria den wenigen Schmuck, den sie besaß, für Milchpulver und andere Nahrungsmittel eingetauscht. Das Wörtchen »approximativ«, mit dem die Schleichhändlerin das Wertverhältnis zwischen Milchpulver und Schmuck einseitig festlegte, blieb unserem Gedächtnis lange eingebrannt. So wurde denn der Vorschlag von Frau Thalmann, Mutter und Kind sollten für einige Zeit nach Mariapfarr übersiedeln, wie eine Erlösung empfunden und aufgenommen.

Gabriele Thalmann hatte sich seit ihren Kindertagen jeden Sommer in Mariapfarr aufgehalten. Sie war allen Ortsinsassen gut bekannt und unterhielt mit den Bauern der umliegenden Höfe die besten Beziehungen. Das war damals ein nicht zu unterschätzender Vorteil. Überdies funktionierte die Zuteilung von Lebensmitteln in der amerikanischen Zone besser. Gabriele Thalmann mietete für Maria das kleine Haus des Dorfschneiders Kesselbacher, der noch in Kriegsgefangenschaft war. Den Mietvertrag unterzeichnete dessen Bruder, ein katholisches Schlitzohr mit dem schönen Vornamen Korbinian.

An das Stück Pappe, das in vier Sprachen, einmal gefaltet, die »Identität« des österreichischen Bürgers bescheinigte, wird man sich kaum mehr erinnern können, und da ich es jetzt nicht vor Augen habe, kann auch ich nicht mehr genau sagen, wie es ausgesehen hat. Und doch war es damals ein wichtiges Dokument, ohne das man legal weder über den Semmering in die Steiermark noch über die Ennsbrücke in den Westen gelangen konnte. Auch die Bezeichnung »Demarkationslinie« für willkürlich gezogene und von fremden Soldaten bewachte Grenzen im eigenen Land ist den meisten aus dem Bewußtsein gewichen, und doch war sie einmal harte Wirklichkeit. Es liegt viel Güte in der Natur des Menschen, die ihn das Lästige und Bedrängende im Lauf der Jahre so leicht vergessen läßt. Denn es war zu Beginn der Teilung Österreichs in vier Besatzungszonen wahrlich nicht einfach, das bürokratische System vor der Ausfolgung der »Identitätskarte« zu überwinden. Man brauchte einwandfreie Papiere und gelegentlich wohl auch die Protektion eines höhergestellten Beamten, um den Übermut der niederen Dienstgrade zu brechen. Als mir die meine im Polizeikommissariat Juchgasse endlich ausgefolgt werden sollte, mußte Ministerialrat Ingraf eingreifen, um mich vor der Anklage einer tätlichen Amtsehrenbeleidigung gegen den Schalterbeamten zu bewahren.

Aber schließlich hatte ich sie und auch den Chauffeur eines Lastkraftwagens, der im Dienst einer Speditionsfirma einmal in der Woche über den Semmering nach Frohnleiten fuhr, um für die Druckerei das kostbare Papier nach Wien zu bringen. Er war bereit, Maria und das Kind im Führerhaus unterzubringen und mich und das Gepäck hinten aufzuladen. Es war April und Nacht, als wir losfuhren. Kurz nach der Ausfahrt aus Wien ließ der Chauffeur noch einen Mann zusteigen, der mit aufgehobenen Händen mitten auf der Straße gestanden war und mitgenommen werden wollte. Er war etwa in meinem Alter.

In meinen Kinderjahren lag für mich im Wort »Grenze« eine fast magische Kraft. In der Vorstellung des an einem Ort festgehaltenen Knaben zog es durch Landschaft und Himmel einen scharfen Riß: drüben sproß das Gras grüner, wölbte der Himmel sich blauer, schmeichelte die Luft weicher und anschmiegsamer. Und die Menschen sprachen eine andere Sprache. Ohne Übergang hob sich das aus der Phantasie geborene Dasein vom eigenen ab. Voll von Lockungen und vom Glanz der Ferne überstrahlt, war es eine verzauberte Welt, vor der die handfeste Wirklichkeit der meinen in der immer neu aufschäumenden Woge kindlicher Phantasie einsank.

Wachstum und Zeit und die gelebten Erfahrungen hatten diese märchenhaften Vorstellungen längst verdrängt, und es war insgesamt ein Tausch ohne Schmerz, mag auch sonst die Befreiung von einem Irrtum nicht ohne Schmerzen abgehen. Ja, es tat eher wohl, zu erfahren, daß die Menschen in ihren wesentlichen Zügen sich gleichen, hier wie dort, und daß auch Landschaft und Natur hierin keine große Ausnahme bilden. Die wildwachsende Phantasie wurde durch die Anschauung des Wirklichen zurückgedrängt, der Fund schob sich vor die Erfindung.

Doch ein Rest dieses kindlichen Wunderglaubens bleibt, und in den gespensterhaft anmutenden Konstruktionen der verbündeten Siegermächte, ein kleines Land mit künstlichen Grenzen mehrfach zu durchschneiden, findet er neue Nahrung. Es war durchaus lächerlich; ich muß trotzdem eingestehen, daß ich während der Fahrt mich zuweilen der Hoffnung hingab, jenseits der Demarkationslinie würden sich Wunder an Lebensmöglichkeiten auftun. Jedenfalls sind dumme politische Maßnahmen, auch wenn sie vom Sieger kommen, imstande, den

Menschen in eine rückläufige Bewegung zu setzen und aus dem Mann wieder ein Kind zu machen. Ein Minimum von Vernunft, das uns die Nazi gelassen haben und auch ihre Besieger nicht nehmen können, meint freilich, es gehöre zur Würde des Menschen, künstliche Grenzen zu überwinden und Grenzen nur dort sinnvoll zu finden, wo Natur, Landschaft und Sprache sie unvermeidlich machen. Nur so überwindet der Mensch den atavistischen Glauben an seine alleinige Erwähltheit oder, um es politisch auszudrücken, den Chauvinismus, an dessen lebenzerstampfende Fersen sich alle Scheußlichkeiten der Welt heften: Krieg und Zerstörung, Hunger und Krankheit, Tod und Pestilenz.

Der Mann neben mir, den wir kurz hinter Wien aufgenommen hatten, schien mir ein lebendiges Beispiel der Folgen chauvinistischer Überheblichkeit zu sein. Er war sechs Jahre Soldat gewesen. Noch vor Kriegsbeginn hatte man ihn gewaltsam aus seinem zivilen Dasein herausgenommen, dessen überschaubare Monotonie von der sozialen Struktur bestimmt worden war. Am frühen Morgen war er aus dem Schlaf gestiegen, hatte sich flüchtig gereinigt und sodann, bevor er zur Arbeitsstätte ging, seine Schale Kaffee getrunken. Dort hatte er sich redlich durch den Tag geplagt und an dessen Ende mit Kameraden ein Glas Bier getrunken oder mit seinem Mädchen ein Kino besucht. Diese kleinen Freuden waren auf dem Grund unentrinnbarer, wenn auch nicht ständig bewußter Sorgen gelegen. Es war das Dasein der zahlenmäßig stärksten Menschengruppe in unserer Welt, tapfer und ehrlich ertragen, von kleinen Lichtern leicht wahrgenommener Menschlichkeit erhellt und zusammengehalten.

So war er plötzlich Soldat geworden, und wie viele andere in seinem Alter hatte er anfangs an den Sieg geglaubt, aber von Tag zu Tag immer weniger. Er war nach

Polen gekommen und nach Frankreich dann, und als man Rußland überfiel, war er einer von den Tausenden und Abertausenden armer Teufel, deren Wegspur gezeichnet war von Brand und Zerstörung, zerfetzten und geschundenen Menschenleibern, von Blut und Tränen, von auf Befehl zugefügter Grausamkeit und von selbst erlittener Qual, Not und Entbehrung.

Diese letzten Jahre zumal, mit vielen anderen marschierend über den riesigen Kontinent, von Lemberg bis zum Kaukasus und wieder zurück, ständig auf der Hut vor dem Tod und den Tod selber austeilend nach Befehl, gegen seinen Willen dies alles und ohne recht zu wissen, warum und wozu, hatten ihn innerlich verhärtet und zu einer gleichsam seelenlosen Existenz herabgewürdigt, kaum fähig mehr der entsetzlichen Frage, was aus ihm und den vielen anderen eigentlich geworden sei.

Während das Lastauto durch die niederösterreichische Landschaft rollte, zuweilen an Hausruinen vorüber, diesen in der durchscheinenden Finsternis noch schrecklicher anmutenden Denkmälern des verrauchten Krieges, machte er mich mit dieser oder jener Einzelheit aus seiner ruhmlosen Saga bekannt, die aufzunehmen sich Ohr und Herz sträubten. Dann und bevor er noch zu Ende kam, hielt das Auto am Rand von Neunkirchen. Unterbrochen in seiner Erzählung, gab er mir rasch die Hand und sagte in einem Ton, der wie aus einem Raum unendlicher, weil nicht selbstgefühlter Trauer herüberwehte: »Weinen über ein Unglück kann ich nicht mehr, ich bin hart geworden und ein gefühlloses Schwein, aber es ist mir gleich, was man von mir denkt.«

Vorne brummte der Motor, mein Wegbegleiter sprang vom Auto, dieses fuhr an, und Nacht und Dunkelheit entzogen den Mann alsbald meiner Sicht, aber nie mehr meinem Gedächtnis.

Vorne, im Führerhaus neben dem Chauffeur, saß Maria mit dem Kind, und da ich an dieses unschuldig in die Welt blühende Geschöpf dachte, fiel auch der Mann mit seinem bitteren Freimut in meine Gedanken und die von blindem Machtwahn zerrüttete Welt, in der die Menschen seit Anbeginn, seit uralten Tagen, Schutz und Hausung suchten, für sich und gegen andere.

Das erste Licht zeigte sich, die Welt hob sich, wie jeden Tag, aus dem Dunkel der Nacht. Gloggnitz lag hinter uns, der Wagen fuhr der Höhe zu. die Plachen knatterten im Wind wie die Segel eines Schiffes auf offener See. In die ansteigende Landschaft, die, mit dem Rücken gegen die Fahrtrichtung angeschaut, wie von Geisterhand dem Auge weggezogen wurde, mischte sich das Weiß frischgefallenen Schnees mit dem Braun und Grün der schon frühlingshaft warmen Erde. Die Straße wand sich in Serpentinen zur Semmeringhöhe hinauf, doch der Zauber dieser Fahrt, oft und immer neu empfunden, wurde diesmal von der Sorge darüber verdrängt, wie der Übertritt von einer Besatzungszone in die andere wohl sein würde.

Da saß ich nun, im Herzen des Landes, das meine Heimat war, und prüfte nervös den Erlaubnisschein, der mir den Übertritt von einem Bundesland in das andere gestatten sollte, ausgestellt von einer österreichischen Behörde auf Geheiß der Alliierten. Der Wahnsinn gegen Vernunft und Recht wurde dadurch wahrlich nicht geringer, daß wir nach Kontrolle der Papiere die Demarkationslinie anstandslos überfahren durften. Der Wahnsinn blieb, was er war, auch wenn seine Auswirkung mich nicht unmittelbar getroffen hatte. Und nicht weit von uns gingen einige Leute, eine Frau und ein Kind waren darunter, mit Rucksäcken bepackt und in Begleitung eines russischen Soldaten zu einer Holzbaracke. Sie waren, wie der Volksmund es vereinfachend ausdrückt, »geschnappt« worden. Weiter vorne, an der anderen Barriere, sahen es englische Soldaten und schüttelten den Kopf.

Von Unzmarkt über Tamsweg nach Mariapfarr war wieder eine Demarkationslinie zu überfahren, es ging aus der englischen Zone in die amerikanische. An der Zonengrenze war kein Engländer zu sehen, erst in Tamsweg stiegen zwei amerikanische Soldaten in den Zug. Sie trugen den Revolver in der Tasche am Gürtel, in der Hand hatten sie eine Spritze, aus der sie jeden Passagier, ob Mann, Weib oder Kind, mit einem Desinfektionsmittel absprühten. Papiere wollten sie nicht sehen.

Es war eine Zeit, in der Bürokraten sich wohl fühlten und der Übermut der Ämter ins Kraut schoß. Davon konnte selbst Hamlet nichts ahnen. Drei Monate später fuhr ich wieder nach Mariapfarr. Es war ein Abenteuer mit dem Bürgermeister und dem Gemeinderat. Nach meiner Rückkehr war darüber zu berichten:

»Ein Mann, der in der Stadt lebt und arbeitet, besuchte seine Frau, die mit dem Kind eine bestimmte Zeit aufs Land übersiedelt war. Vor seiner Abreise hatte er sich, wie die Ordnung es verlangte, von der Lebensmittelkartenstelle in seinem Wiener Bezirk abgemeldet und darüber eine fristbestimmte Bestätigung erhalten. Als er gleich nach seiner Ankunft im Gemeindeamt des salzburgischen Dorfes seine Lebensmittelkarten abholen wollte, wurde er vom Amtsschreiber, der ihm persönlich bekannt war, abgewiesen und zum Bürgermeister geschickt, damit ihm der eine Aufenthaltsgenehmigung erteile. Ohne eine solche könnten ihm Lebensmittelkarten nicht ausgefolgt werden, die Bescheinigung seiner Abmeldung in Wien sei dafür nicht ausreichend. So ging denn der Mann zum Bürgermeister, und er hatte Glück, er wurde empfangen. Aber mit dieser Ehre erhielt er zugleich den Bescheid, daß er, der Bürgermeister, für den Ortsbereich eine Zuzugssperre angeordnet habe und daher nicht in der Lage sei, eine Aufenthaltsgenehmigung auszustellen. Im übrigen falle dies in das Ressort eines bestimmten Gemeinderats, er selbst habe damit nichts mehr zu tun. Da es sich aber um einen Familienbesuch handle, fügte der Bürgermeister verbindlich hinzu, wäre es immerhin möglich, daß der Mann, der Städter, der Zonenfremde, Erfolg haben könne. Auch der Bürgermeister war dem Mann seit langem bekannt.

Der Gemeinderat war ein Bauer und nicht daheim. Er war auf dem Acker. So holte der Mann, der Städter, der Zonenfremde, tief Atem, ging ihn suchen und fand ihn auch. Als er sein Ansuchen vorgebracht hatte, lehnte es der Gemeinderat kurzerhand mit dem Hinweis ab, daß über das Dorf eine Zuzugssperre verhängt worden sei. Was er zu tun habe, um in den Besitz der ihm rechtlich zustehenden Lebensmittelkarten zu kommen, wollte der Mann nun wissen. Der Gemeinderat war durchaus nicht wortkarg, er war schon im verwichenen Regime Gemeinderat gewesen. Die Nachricht von der Zuzugssperre, sagte er, sei in der Regionalzeitung veröffentlicht worden, die Fremden seien somit ausreichend vor dem Besuch seines Dorfes gewarnt worden. Und der Ackerbürger nahm die Harke, auf die er sich während seiner wortreichen Amtshandlung gestützt hatte, wieder in die Hand und beugte sich über die Furche.

Der Acker ist ein heiliger Boden, der durch einen Streit nicht entweiht werden darf. Das begriff der Mann, der Städter, obgleich ihm der Humor, der bisher vorgehalten hatte, längst vergangen war. Er ließ sich am Saum des heiligen Bodens nieder und dachte über sein Schicksal nach. Obgleich er keine juristischen Kenntnisse besaß und sich auch niemals sonderlich um das Staatsrecht und das Naturrecht gekümmert hatte, wußte er doch, daß er ein Österreicher war, der hoffend an die Demokratie und die Freiheit der Person glaubte. Aber nun schien ihm, als habe er nicht einmal das Recht, hier zu sitzen. Bevor er sich erhob, um zu gehen, sah er nochmals seine Dokumente durch, seinen Geburtszettel, seinen Heimatschein, seine alliierte Reiseerlaubnis. Aber das alles konnte den aufsteigenden Zweifel an seiner Existenz nicht ganz beschwichtigen.

War er denn wirklich noch er selbst? Er griff sich ab, um seiner Körperlichkeit, seines Daseins inne zu werden. Er fühlte, daß er war, er spürte sich selbst, und die Sonne dazu, die ihn beschien, gütig und hoffnungsfroh. Eine wilde Freude erfüllte ihn. Aber das half nur wenig. Man glaubte ihm nicht. Seine Papiere hatten versagt.

Er stand auf und nahm Abschied, aber nicht von seinem Leben, auch nicht von Österreich, nur von dem Gemeinderat und dem Dorf, über das ein Gewaltiger die Zuzugssperre verhängt hatte. Er ging in das nächste Dorf, das von dieser demokratischen Errungenschaft noch nichts wußte. Dort bekam er seine Lebensmittelkarten. Und nachdem er sie hatte, ging er wieder ins erste zurück, kaufte tückisch beim Dorfkrämer ein und lebte froh seiner zugemessenen Tage. Worauf die Einheimischen allesamt eines grausamen Hungertodes starben.«

Patriotisches

Es drängte mich nach Deutschland. Es war weltweit in Verruf geraten und zur Wüste Europas geworden. Und es gehörte zum guten politischen Ton, auf seine Bewohner die feinsten Schmähungen und gröbsten Beschimpfungen abzuladen, die ein menschliches Gehirn ersinnen kann. Nun haben sie, was sie längst verdienten, sang es im Solo und im Chor, und man hörte es von überall her, da half kein Ohrenzuhalten. Vor wenigen Jahren noch war es ein anderer Gesang. Auch damals half es wenig, legte man die Hand vor die Ohren. Text und Melodie drangen mit gleicher Lautstärke durch die Finger und gingen durch Mark und Bein. Und brauste zuvor das »Deutschland über alles . . .« durch die heimatlichen Gefilde, so hieß es jetzt »Deutschland unter alles«. Beides schien mir ohne Sinn und Würde.

Meine Frau war eine Deutsche, in Frankfurt geboren, ihre Eltern, Vater wie Mutter, entstammten bäuerlichen Familien aus dem Oberhessischen. In ihrem Aussehen glich sie dem Urbild eines deutschen Mädchens. War ich in den Augen meiner patriotischen Landsleute plötzlich mit einer Jüdin verheiratet? So schien es zumindest. Man betrieb weiterhin Rassenpolitik, nur mit umgekehrtem Vorzeichen. Man machte die Deutschen insgesamt zu einer Art von Juden und ihr Land zu einem riesigen Anhaltelager. Oh patriotische Gerechtigkeit, die da Auge um Auge aushandelte, Zahn um Zahn! Bald begann sie, auch die Unterschiede in der gemeinsamen Sprache aufzuzeigen und daraus moralische Folgerungen zu ziehen, Buchstaben um Buchstaben, Satzzeichen um Satzzeichen.

Wir sahen das Elend darin, kämpften dagegen an und machten uns bald unbeliebt. Es fehlte nur noch, daß man uns, Wickenburg und Thalmann ebenso wie mir, Deutschtümelei vorwarf und mit Großdeutschen vom Schlag eines Schönerer verglich.

Unterhalb der Redaktionsräume, ein Stockwerk tiefer, im Fenster einer Privatwohnung, das in den Hof wies, sah ich jeden Vormittag einen Mann auf eine in dieser Zeit besonders anziehende Art hantieren. Mit einem Schlachtmesser schnitt er große Fleischstücke zurecht. Bevor er es ansetzte, griff er sorgfältig die Stelle ab, in die am besten einzuschneiden wäre, und mir lief beim Zuschauen jedesmal das Wasser im Mund zusammen. Ich hielt den ganz und gar unansehnlichen Mann für einen wohlhabenden Sonderling, dem es stets gelang, mit seiner Geldaxt einen Weg durch das Dickicht der Verordnungen zum Schwarzen Markt freizulegen. Ich irrte, der Mann war nur der Diener des eigentlichen Wohnungsinhabers.

Dieser kam denn auch eines Tages zu mir herauf. Er war mittelgroß, gedrungen, das Gesicht rund, die Augen blickten intelligent. In der Hand hielt er einen Stock mit einem silbernen Knauf. Und in einem Deutsch, von dem man sofort annahm, es mußte die Sprache seiner Kindheit sein, nannte er seinen Namen. Dieser klang nun freilich etwas fremdländisch: Otto Forst de Battaglia. Ich erinnerte mich sofort an ein Buch, das ich Jahre vorher gelesen hatte. Es hieß *Der Kampf mit dem Drachen,* der Mann vor mir war der Autor.

Er ließ mich auch nicht lange über seine Tätigkeit im unklaren. Er sei Diplomat im polnischen Dienst und nun auch Gastprofessor an der Universität Wien. Als ich ihm erwiderte, er sei mir als Autor bereits bekannt, ich hätte das erwähnte Buch mit Vergnügen und Gewinn gelesen, war ein Einvernehmen rasch hergestellt. Doch jetzt, fügte ich schnell hinzu, möchte ich gerne wissen, wer der Mann in seiner Wohnung sei, der jeden Vormittag so appetitlich an großen Fleischstücken herumschneide. Nun erfuhr ich, was ich bereits festgehalten habe. Er gab die Auskunft mit einem herzlichen Auflachen und lud mich an einem der nächsten Tage zum Mittagessen ein. Der Mann mit dem Messer, sein Faktotum, werde es zubereiten.

Er war Pole, fühlte sich aber, wie er besonders betonte, auch als Altösterreicher, und vielleicht war es dieses offene Einbekenntnis, das den Charme seiner Person ausmachte. An dem Tag, als ich sein Gast war, stellte sich überdies heraus, daß wir in Franz Theodor Csokor einen gemeinsamen Freund hatten. Bei dieser ersten Begegnung war davon noch nicht die Rede.

Die Art, wie sich die gemeinsame Freundschaft mit Csokor herausstellte, hatte durchaus anekdotische Züge. Ich erzählte beim Mittagessen von einem Abend mit ihm und Lajos von Horvath. Csokor war erst vor einigen Tagen aus seiner abenteuerlichen Emigration in Polen, Rumänien, Jugoslawien und schließlich Italien zurückgekehrt, er trug eine amerikanische Uniform, auf dem Rücken der Jacke war in Großbuchstaben das Wort WAR aufgeschrieben, und diese Uniform, die dem lieben Mann ein etwas drolliges Aussehen gab, war es wohl, die uns im Hotel Hahn in der Josefstädter Straße Einlaß verschaffte. Es stand ganz im Dienst der Amerikaner. Jeder von uns trank eine Flasche Pilsener Bier, eine davon kostete 30 Cent, und als es zum Zahlen kam, nestelte Csokor aus der Brusttasche einen Dollarschein hervor. Er ließ sich das 10-Cent-Stück zurückgeben, und als er es sorglich verwahrte, bemerkte er beiläufig, er fahre morgen zurück nach Rom, und die 10 Cent seien sein letztes Geld. Csokor war damals bereits sechzig Jahre alt. Als wir ihm Hilfe anboten, wehrte er souverän ab, er fahre über Bern, und dort habe er schon jemand, der ihm weiterhelfe.

»Das war ich«, sagte lachend Otto Forst de Battaglia, »ich war damals in Bern«, und in diesem Augenblick öffnete sich die Tür, Csokor, der längst wieder in Wien war, steckte den Kopf herein und fragte: »Otto, kann ich bei dir essen?«

Forst de Battaglia war heraufgekommen, um seine gelegentliche Mitarbeit an der Zeitschrift anzubieten. Bevor er sich verabschiedete, zauberte er ein pfiffiges Lächeln auf sein freundliches Gesicht. Er habe, sagte er, herausgefunden, was anderen vielleicht verborgen sei: die konsequente Tendenz der Zeitschrift, an das andere Deutschland zu erinnern und damit dessen Rehabilitierung anzustreben. Sie schreibe gegen ein ausgeprägtes Zeitgefühl. Es falle ihm nicht leicht, das auszusprechen. Er sei Angehöriger einer Nation, die unter den Nationalsozialisten mehr als andere zu leiden hatte. Doch sei das ein Akt der Gerechtigkeit.

Es war ein zutreffendes Urteil, es ehrte seinen Scharfsinn und zugleich seine humane Grundeinstellung.

Bald darauf besuchte mich Oberst Xavier. Er gehörte zum Stab des französischen Hochkommisars General Béthouard. Er überbrachte Grüße von deutschen Freunden. Im Verlauf des Gesprächs ließ ich anklingen, wie gerne ich eine Reise nach Deutschland unternehmen möchte, nach Freiburg im Breisgau zumal, wo Reifenberg die *Gegenwart* herausgab und Oskar Stark die *Badische Zeitung*. Freiburg lag in der französischen Zone. Er verschaffte mir einen Ausweis für die französische Zone Deutschlands und telefonierte überdies mit einem in Bregenz stationierten Offizier, der mich mit dem Auto über die Grenze nach Lindau bringen sollte. Von dort müsse ich trachten, auf eigene Faust bis nach Freiburg zu kommen. Und so betrat ich nach längerer Zeit wieder deutschen Boden, in der festen Überzeugung, die kollektive Verurteilung eines Volkes lasse sich durch nichts rechtfertigen. In ihr liege bereits der Keim zu neuem Unfrieden, zu einem neuen Krieg.

Doch kam ich einen Tag vor der Verabredung mit dem französischen Offizier nach Bregenz, ich wollte noch vorher das Aufschweben zum Pfänder genießen. Die Gondel der Seilbahn hing waagrecht und fest, langsam wurden wir mit ihr schräg nach oben gehoben. Die Sicht auf die Erde vergrößerte sich, je mehr wir ihrer bodenfesten Sicherheit entschwanden, ihr Relief trat deutlicher hervor. Über dem Bodensee lag kein Hauch, klar spiegelten sich Ufer und Himmelsbläue darin. Nur über dem Säntis schleierten geisterhaft leicht duftige Wolkentücher. Dort lag die Schweiz, sagenhaftes Eiland glücklichen Friedens.

Rechts daneben und um den halben See dehnte sich Deutschland aus, daran grenzte Österreich, und ein Kundiger, der nicht weit von mir die Landschaft anderen erklärend aufteilte, wußte auch das Fürstentum Liechtenstein abzugrenzen. Auf der Pfänderalm, dem Ziel, war die Sicht nach allen Seiten vollständig. Man sah jetzt auch hinunter ins Allgäu, und wieder war es die Stimme des Landkundigen, die gleichmütig und trocken belehrte, es gehöre zur amerikanischen Besatzungszone. So lieferten die Besatzungsmächte ihren Teil zu dem Unterricht.

In meinen Schultagen hatte ich von dieser Dreiländerecke gehört und gelesen, in der Zwischenzeit manches vergessen, nun überraschte der unmittelbare Eindruck um so mehr, als eben ein Krieg von bestürzender Heftigkeit, von nicht faßlichen Ausmaßen überstanden war. Die Erde, von bewegender Vielfalt, mit baumbestandenen Hügeln, Ebenen, dunklen Wäldern und grauen Gebirgen, den ziehenden Wassern der Flüsse und den unbewegten des Sees, ertrug die neuen Grenzen mit Langmut, mit der Gewißheit des Beständigen. So schien es mir jetzt auf dem Berggipfel.

Die Grenzen waren Menschenwerk, Ergebnis von Siegen und Niederlagen. Das Wandelbare geschah auf dem Grund des Beständigen. Dies war die Lehre, die ich vom rundum schweifenden, aufnehmenden Blick in die Tiefe vom Treiben der Menschen empfing, von ihrem Machtwahn, ihren Kriegen.

Auch der letzte Krieg war vorübergegangen, dreimal war seither der Frühling wiedergekommen, ohne daß der falsche Kuckucksruf den seidigen Glanz seiner Tage, die blaue Stille seiner Nächte mit dem nachfolgenden Heulton der Sirenen aufgerissen hatte; war wiedergekommen mit wärmendem Atem, und wo der Krieg in die Landschaft Wunden geschlagen hatte, deckte er sie mit seiner Wachstumskraft zu. Über die zerstörten Städte hatte er keine Macht. Diese Zerstörung kam nicht vom Wüten ungebändigter Naturkraft, sie war Menschenwerk.

Dem Offizier wurde der Grenzbalken sofort geöffnet. Er brachte mich direkt zum Bahnhof von Lindau, wo ein Zug in Richtung Schwarzwald bereitstand. Links und rechts bei der Ausfahrt Mauerreste und Trümmer, und nicht anders war es, als wir in Friedrichshafen einfuhren. Dort, etwas außerhalb der Stadt, hatte man einmal Flugzeuge gebaut, nun waren die Hallen und Werkstätten von den Bomben anderer Flugzeuge zerrissen worden. Es mußte an dem lauen Frühlingstag liegen, daß ich tiefer als sonst empfand: Diese Zerstörung war nicht das Werk einer außermenschlichen Macht.

Es war die Folge einer Politik, die vermeint hatte, über die Welt mit Gewalt herrschen zu können. Ich dachte an andere Städte in Deutschland, die mehr waren als nur Namen auf der Landkarte. Sie waren Individualitäten, von ihrem Kern durch Jahrhunderte heraufgebildet, keine hatte der anderen geglichen. Nun waren sie alle gleich, ein Trümmerhaufen unterscheidet sich in nichts von einem anderen. Nur der kundige Städteforscher mag da und dort den Ansatz zu einem neuen Eigendasein entdecken.

Doch läßt sich aus ihren Trümmern ein Gleichnis ablesen: Vor ihrem Niedersinken ins Formlose stand der seiner Individualität beraubte, der deformierte Mensch.

In Donaueschingen stand ich im vollen Wortsinn eingekeilt in die Menge, die auf die Schwarzwaldbahn wartete. Als der Zug einfuhr, mit klapprigen Waggons, die glaslosen Fenster mit Brettern verschlagen, drängte man sich vor den Türen. Alle wollten mit, und merkwürdigerweise kamen auch alle mit. Die meisten Reisenden trugen Rucksäcke, auch die Kinder. Darin war verwahrt, was ein Absuchen der Bauernhöfe eingetragen hatte. Der Anblick von sechs oder sieben Buben, noch im schulpflichtigen Alter, war beklemmend. Die Haare zerrauft, die Wangen eingefallen, sahen sie durch den Sehschlitz der Bretter, mit denen die Fenster vernagelt waren, auf die vorübergleitende Landschaft. Sie waren nicht aus einer Familie, aber sie gehörten zusammen. Ihre mageren kleinen Hände hielten den Rucksack krampfhaft fest. So sichert man eine kostbare Gabe, so hütet man einen Schatz.

Der Schatz war ein Häufchen erbettelter Kartoffeln, die Hüter schulpflichtige Kinder. Keines sprach zum anderen, aber sie hielten zueinander, in einer wortlosen Solidarität. Der Hunger tut überall und jedem gleich weh. Die größere Solidarität der Welt blieb aus. Ich dachte an den stummen Protestzug deutscher Arbeiter im Ruhrgebiet durch die Straßen ihrer zerstörten Stadt. »Gebt uns Brot oder Särge!« war auf dem Transparent zu lesen.

Zwei Stationen hinter Neustadt mußten die Reisenden den Zug verlassen. Ein Viadukt, von abziehenden deutschen Truppen gesprengt, war noch nicht wiederhergestellt. Man ging die vier Kilometer bis Hinterzarten zu Fuß, wo eine andere Zugsgarnitur bereitstand. Auf dem Weg schloß sich mir eine Frau an. Sie betrieb in Neustadt einen Buchladen und wollte nach Freiburg, um sich dort Verlegern und Sortimentern in Erinnerung zu bringen. Das mache man jetzt so, sagte sie munteren Sinnes, aus eigenem Antrieb schickt man nichts in die entlegene Gegend.

Auch sie trug einen Rucksack. Er war leer. Später holte sie aus der großen Handtasche einen Apfel und reichte ihn mir. Eine Ablehnung, wie höflich auch immer, wäre eine Kränkung gewesen, das Lächeln wäre unweigerlich aus ihrem freundlichen Gesicht gewichen. Er war eine köstliche Gabe, von der Armut dargereicht, von der Not empfangen. Weder vorher noch nachher habe ich auf die gleiche Weise erfahren, wie köstlich ein Apfel schmecken kann. In dem klingenden Gefühl der Dankbarkeit schien der Frühling mit unüberhörbarem Blühlaut mitzuschwingen.

Wie ein Blitz traf mich der Anblick des Freiburger Münsters. Unversehrt ragte es aus der Mitte zertrümmerter Häuser. Es war ein sonderbares Gemisch von Trauer und Freude, das mich durchflutete. Das Unverlezte inmitten der Zerstörung kann auch verletzen, weil es diese erst recht deutlich macht. So weckt ein verkrüppelter Mensch zuerst Trauer über seine Mißbildung und dann erst die Sehnsucht nach dem Schönen. Doch am nächsten Tag, aus größerer Entfernung und blühender Landschaft gesehen, weckte es den Trost des Schönen.

Das Münster war nun wie ein himmlisches Versprechen, auf dem immergrünen Grund der Hoffnung regte sich der Gedanke, es könne über seine eigentliche Bestimmung hinaus dem Menschen ins Gewissen rufen, daß sein Dasein auf der Beziehung zum Nächsten ruht, auf dem Nachbarn links und rechts; daß nur Vernunft, Liebe und Ehrfurcht seinen Daseinsgrund bilden und daß wir allesamt in einer Welt der Menschen leben.

Nur in dieser.

»Wir werfen unsere Zeitschrift wie eine Flaschenpost ins Meer, niemand von uns weiß, wen sie erreicht . . .«, so war in diesem Brief Reifenbergs zu lesen, den ich vor Antritt der Reise empfangen hatte. Und in einem Heft dieser Zeitschrift hatte er die augenblickliche Situation seiner Landsleute folgendermaßen beschrieben:

»Von wo aus wäre das ungeheure Gewicht der geschlagenen Nation wieder ins Bewegte, und das heißt ins Leben, zu verwandeln? Einstweilen hat die Katastrophe eine ungeformte, träge Masse zurückgelassen, um die der leere, unübersehbare Nebel des Unglücks braut. Durch die Schwaden hallen Notrufe: sie vermehren nur das schauerliche Schweigen. Man wird sich auf die Suche nach festem Boden, nach jenem archimedischen Standpunkt machen müssen, von wo aus mögliche neue Willenskräfte auf die rechte Weise anzusetzen wären. Wer die Suche beginnt, darf vor keiner Einsicht in den Umfang der Niederlage zurückschrecken. Der Begriff des totalen Krieges hat das Gegenstück wachgerufen: den totalen Zusammenbruch der Besiegten. Mit den zerstörten Städten wurde die Bürgerschaft in die Besitzlosigkeit gestoßen, der zertrümmerte und nun auseinandergezerrte Bau der Industrie wirft in seinem Fallen das Gleichgewicht von Arbeitern und Bauern über den Haufen. Die Landwirtschaft wird eine nur annähernde Autarkie, die ihr bislang vorgeschrieben zu sein scheint, ohne gewaltige Veränderung ihrer Strukturen nicht zu leisten vermögen, noch ist die stattgehabte Völkerwanderung innerhalb der Nation kaum in Umrissen zu ahnen. Niemand könnte heute sagen, wie eine kommende deutsche Gesellschaftsordnung auszusehen habe, weshalb auch niemand anzugeben vermöchte, worauf eine politische Formulierung sich gründen ließe. Die Deutschen hingegen wissen heute, was es mit den uralten Werten auf sich hat: mit dem nackten Leben davonkommen, ein Dach über dem Kopf haben, das tägliche Brot . . .«

So war ich denn mit der unbeabsichtigten Hilfe des älteren Freundes zu jenem Punkt zurückgekehrt, von dem aus ich diese Reise angetreten hatte: zu der Einsicht, man könne sich ein nationales Vorrecht nicht damit erkaufen, daß man sich vom Unglück und der Not derer fortzustehlen versucht, mit denen man, vor wenigen Jahren noch, sich auf Gedeih und Verderb verbunden gewähnt und gemeinsame Sache gemacht hatte. Meine Sache war es nie gewesen, so wenig es die Sache des deutschen Freundes war. Nun durfte es auch nicht meine Sache sein, aus dem vom Schicksal geschaffenen Glück, in Österreich geboren und aufgewachsen zu sein, an der von Gott verdammten nationalen Überheblichkeit mitzuwirken, die nach diesem partiellen Weltuntergang im Land von überall her zu vernehmen war, auch, was besonders schmerzte, aus der Richtung der Sozialisten, die bei Festversammlungen nicht nur das *Lied der Arbeit*, sondern auch die *Internationale* zu singen pflegten. Ich hatte wahrlich genug von dem Zustand, der einmal im Land Wirklichkeit gewesen war und in dem die Schüler statt »Grüß Gott« den Lehrer mit »Österreich« zu grüßen hatten und dieser mit »Österreich« zu danken.

Noch vor der Reise hatte ich in der Zeitschrift vor jeder nationalen Überheblichkeit gewarnt: Was ist mit uns geschehen, in den Tagen, seit der Kriegslärm verstummte, in Elend und Armut zwar, aber doch verstummte? Was ist eigentlich geschehen mit uns und den Überlebenden der anderen Völker? Wir freuten uns der wiedergewonnenen Freiheit, und kein Wort soll gegen diese Freude ausgesprochen sein, bleibt sie würdig, erhebt sie sich auf dem Grund jener Trauer, die uns angesichts des leeren, ausgebrannten Europa ergreifen muß; verbindet sie sich mit der Besinnung auf das Menschliche, das es in den finsteren, opferreichen Zeiten zu retten galt, auch mit der Einsicht, daß dort, wo der Wahnsinn seinen Ursprung hatte, daß es auch in Deutschland Menschen gibt, die an dieser Freude teilnehmen sollen, weil sie sich ebenso standhaft gegen das Barbarische gehalten haben und sich, wie jeder in jedem Lande, der sein Herz nicht vergessen, das Menschliche zu üben nicht aufgehört hat, nach der Heimkehr abendländischer Gesittung, nach einem europäischen Gemeinschaftssinn gesehnt haben. Ist diese Trauer und Einsicht überall und in jeder Freude zu erkennen? Statt dessen hören wir nur allzuoft das rohe Lachen, vor dem uns jahrelang geschaudert hat. Statt dessen erfahren wir manches, was nachdenklich und bedenklich stimmen muß, weil es nicht zu den Folgen des ausgestandenen Radikal-Bösen gehört, sondern aus neuer Übung der alten nationalen Überschätzung stammt. Halten wir, wenn wir ein Volk summarisch mit Schuld beladen, nicht wieder dort, wo das Übel seinen Anfang genommen hat? Ist damit nicht wieder eine Unterscheidung in Schwung gekommen, die nicht von Gut und Böse bestimmt wird und so, konsequent fortgesetzt, zu neuem Unglück führt?

Der gute, gescheite Otto Forst de Battaglia, Professor und Diplomat, der ein Pole war und sich zugleich als Altösterreicher fühlte, mochte das Richtige herausgelesen und sich zurechtgelegt haben. Das war dem feinen Lächeln zu entnehmen, mit dem er auf die unzeitgemäße Freundlichkeit der Zeitschrift zu Deutschland und den Deutschen hinwies. Doch hat ihm seine humane Einstellung zu Leben und Welt verwehrt, mich einer großdeutschen Gesinnung zu verdächtigen. Er ist nun schon lange tot, ich bewahre ihm ein gutes Gedenken. Doch schließt das den milden Zweifel nicht aus, ob er meine Haltung in dieser höchst diffizilen und doch existentiellen Frage ganz verstanden habe.

Für die Heimfahrt war ich mit Doktor Wendelin Hecht verabredet. Sein Reiseziel brachte es mit sich, daß wir eine Strecke gemeinsam fuhren. Er war bereits im Waggon, als ich zum Bahnhof kam, rechtzeitig wie immer, und daß hieß in meinem Fall lange vor der Abfahrt. Wenn ich mich einer Tugend zu Recht rühmen kann, dann ist es die Pünktlichkeit. Sie hat mich nie verlassen, ich bin ihr durch mein Leben treu geblieben. Noch heute, im Alter, wo man gleichgültig auf den Wandel des Lebens sieht, kränkt mich, sehe ich sie im Zusammenhang mit meiner Person verletzt; sie bleibt für mich eine wesentliche Voraussetzung für den kultivierten Umgang mit Menschen. Mehr denn je bin ich davon überzeugt, daß taktlos und aus einer Roheit des Gefühls heraus handelt, wer den jeweiligen Partner ohne zwingenden Grund warten läßt.

Wendelin Hecht nun war bereits vor mir da, er stand am Fenster eines Waggons, und als er mich erblickte und auf sich zukommen sah, hob er, in jeder Hand eine Flasche Wein, die Arme hoch und sagte lachend: »Sie sehen, für uns ist gesorgt!« Dieses Lachen habe ich nie vergessen, und sein schönes, intelligentes und ausdrucksvolles Gesicht mit den auffunkelnden Augen ist für immer meiner Erinnerung einverleibt.

Ich war einer Flasche Wein, und auch mehreren, stets zugetan, inniger oft, als das für einen Sterblichen gut sein konnte. Hecht wußte das. Ihn selber habe ich nie trinken sehen, und so konnte ich seine freundliche Geste verständnisvoller Anerkennung meiner Neigung für gütige Duldung halten, doch halfen beide Möglichkeiten mir nicht aus der Verwirrung, die mich beim Anblick des verehrten Mannes mit den zwei Flaschen in den Händen jäh überfiel. Sie löste sich erst, als wir Hände geschüttelt und auf den Holzbänken Platz genommen hatten. Ihm hatte ich, neben Reifenberg und Wickenburg, mehr als anderen dafür zu danken, was mir während der Frankfurter Jahre rundum an Gutem widerfahren war. Ohne sie wären sie überhaupt nicht in mein Dasein eingebracht worden. Indem wir, lange noch ehe der Zug angefahren war, den Wein in die Gläser fließen ließen und einander zuprosteten, sprach er von der *Frankfurter Zeitung*, wie schwer alles gewesen war und welcher Anstrengungen es bedurft hatte, sie so lange zu halten, ohne sich mit dem Schmutz der Zeit zu bedecken, bis zum Ende des Krieges fast.

Er hätte es mir nicht erzählen müssen, ich wußte aus eigener Anschauung und Erfahrung, was besonders er alles auf sich genommen hatte, um das Überleben der Zeitung so lange möglich zu machen. Ich wußte von seinen Vorsprachen in Berlin bei Leuten, die ihm in allem unterlegen waren, im Denken und Empfinden, in der Intelligenz und Moral, aber politische Macht repräsentiert und ausgeübt hatten; ich wußte von seinem oft stundenlangen und demütigenden Warten in den Vorzimmern dieser Macht, nur um diesen oder jenen in der Redaktion, der sich durch seine Schreibweise verdächtig gemacht hatte oder den schändlichen Nürnberger Rassegesetzen nicht voll entsprach, vor den nimmermüden Greifarmen der politischen Polizei abzuschirmen. Er war ein tapferer Mann und noch etwas mehr.

So war mir auch bekannt, daß ihn bald nach der nationalsozialistischen Machtübernahme in Deutschland das Vertrauen des großherzigen Geheimrates Carl Bosch in die Leitung des Societätsverlags geführt hatte; er sollte dort darauf achten, daß mit der Erhaltung der *Frankfurter Zeitung* auch etwas von der Substanz des anderen Deutschland bewahrt und erhalten blieb. Und ebenso wußte ich von seinen engen Beziehungen zu Carl Goerdeler, der im Geheimen versucht hatte, dieses andere Deutschland vorzubereiten, und dafür mit dem Leben bezahlte.

Nein, ich sagte nichts, ich hörte nur zu, ich spürte, er erzählte diese Geschichte nicht eigentlich mir, sondern sich selber. Es war, als lauschte und blickte er weit zurück und wäre nun selbst darüber verwundert, was es da alles auf seinem langen Weg durch das Dickicht der Zeit zu hören und zu sehen gab. Es war die schlichte Rekapitulation der härtesten Jahre in seinem Dasein. Es entsprach seinem Wesen, seinem Charakter, daß diese Zusammenfassung ohne pathetische Erhöhung hingesagt wurde, eine Selbstbespiegelung gar hätte sie am wenigsten vertragen. Es lag eine Größe darin, die sich nicht aufspielte, ein Heroismus, der nicht glänzen wollte.

Ich stand ihm plötzlich nahe wie niemals zuvor. Ich hatte es gewußt, aber niemals so klar gesehen, daß ich einer von den Nutznießern seiner Anstrengungen war und eine winzige passive Rolle in der Geschichte seines moralischen und geistigen Widerstandes gespielt hatte. Ich verspürte von neuem seine Fürsorge, seinen Schutz, intensiver jetzt, da alles vorüber und vergangen war, als ich es damals gewußt und empfunden hatte, als es noch Wirklichkeit war und Gefahr.

Er hatte Schwierigkeiten mit der französischen Besatzungsmacht, die sich alsbald in Nichts auflösten. Irgendein Denunziant hatte auf ihn gezielt, nicht getroffen, aber seinen Stolz verletzt. Das war wohl der Grund, weshalb er sich mir, dem Jüngsten der alten Gemeinschaft, so bereitwillig öffnete und mit seinen Worten die Distanz aufhob, die zwischen seiner früheren Stellung und der meinen naturgemäß vorhanden war.

Es war ihm Unrecht geschehen. Es wurde aufgehoben, aber die Narbe blieb. Auch bei den Besatzungsmächten gab es an verantwortlichen Stellen Dummköpfe und Bösartige, Gott hat sie über die Welt, ohne auf Grenzen zu sehen, gerecht verteilt. Und Hitler, der Hassenswerte, hatte nicht nur Menschen vernichtet, Städte und Landschaften zerstört, er hatte auch das Hassen gelehrt, das Mißtrauen, die Mißgunst.

Seine Saat war da und dort aufgebrochen und sollte noch stärker aufgehen, überall in der Welt.

Grenzland

Die Saat ging auf.

Die Frucht allerdings trug einen anderen Namen.

Ich denke jetzt an Werner Berg. Ich kann es nicht, ohne im Innern bewegt zu sein. Ich wußte nichts von ihm, auch nicht seinen Namen, bis er eines Tages zu mir kam, es war wohl im Herbst 1948. Später bekannte er, er habe den Weg zu mir schon einmal versucht, aber vor der Tür haltgemacht.

Er war ein scheuer Mann. Ihm lag nicht, was heute, aber auch vorher schon, so vielen Künstlern leicht fällt: in der Öffentlichkeit zu posieren. Er kann es auch heute nicht. Dafür ist ihm gelungen, was keinem anderen Maler nach 1945 gelang: eine ganze Landschaft im Wechsel der Jahreszeiten ins Bild zu bringen, ihre Menschen und was sie tun und wie sie hausen. Das Sichtbare, dem Betrachter vor Augen gerückt, läßt das Geheimnis verspüren, aus dem es mit Notwendigkeit hervorgegangen war. So steht jedes Bild in der Helligkeit des Unwiederholbaren. Es ist das Licht der Schöpfung.

Die Landschaft ist das südliche, das sogenannte windische Kärnten, und ihr Maler war mein Freund. Daß er es nicht mehr ist, liegt wohl an meinem Versagen.

Im späten Winter 1949 war ich im Rutarhof, einem Bauerngehöft, sein Gast. Er bewirtschaftete den Hof selbst, mit seiner Frau, einem Wesen von unendlicher Güte, und den fünf Kindern. Er war Bauer und Maler zugleich, obgleich er in jungen Tagen promoviert wurde. Die erlernte Wissenschaft hat er niemals ausgeübt. Er war nur noch Bauer und Maler.

Es war noch Winter, aber draußen, vor dem Haus und in der Landschaft, lag schon eine Ahnung des kommenden Frühlings. Der Rutarhof lag weitab von anderen Siedlungen auf dem Steinerberg, der an einer Seite jäh ins Tal fällt. Er erlaubt eine großartige Sicht nach Süden und Westen, entlang der schimmernden Drau bis zu den Karawanken, die als eine von der Natur geschaffene Grenze gelten können. Natürlich sind sie mehr als das. Oft bin ich auf dem Plateau des Steinerbergs gestanden, auf dem die Wiesen, Äcker und Felder des Rutarhofes vornehmlich liegen. Unten lag ein riesiges Mosaik von Feldern, quer vom Flußband der Vellach durchschnitten, die bei der Annabrücke in die Drau mündet. Sie kommt aus dem vielbesungenen Rosental und nimmt die kleinere Vellach in einer Art von schwesterlicher Begegnung mit sich fort. Im Klagenfurter Becken schlägt sie einen sanften Bogen und zieht weiter ins Jauntal, das im Rükken des Steinerbergs liegt.

Die kleinen Ortschaften nehmen sich von oben seltsam aus. Sie bestehen zumeist aus wenigen Häusern, und diese liegen scheinbar regellos da. Sie bilden keine durchgehende Straße, ihre Ordnung kennt nur, wer sie bewohnt. Es sind zumeist Slowenen. Da liegt Unterkrain, etwas weiter links die Ortschaft Vellach, und jenseits der Drau, auf einer Anhöhe, das Schloß Saager. Die Gemeinde Gallizien, zu der der Rutarhof gehört wie die meisten der kleinen Ortschaften, ist hinter einem bewaldeten Hügelzug versteckt. Das Nahe hält sich verborgener als das Ferne. An klaren Tagen sieht man weit ins Rosental hinein, an dessen linker Seite der Hochobir kühn seinen Gipfel in den blauen Himmel zeichnet.

Es war später Winter, der Frühling lag als Ahnung schon in der Luft. In London tagten die Staatsmänner der großen Siegermächte, um den österreichischen Staatsvertrag auszuhandeln, und der stellvertretende jugoslawische Außenminister Bebler bemühte sich dort, in schreckenerregenden Bildern die Leiden seiner Landsleute in dem zu Österreich gehörenden Landesteil aufzuzeigen, in dem ich mich eben befand.

Es war eine Lüge, eine hochoffizielle allerdings, die im Irdischen so selten abgerechnet wird, weder vom Völkerrecht noch vom Naturrecht, so daß nur zu hoffen ist, die himmlische Justiz werde sich einmal ihrer annehmen. Und der anderen Lügen auch, die auf diesem gehobenen Feld zusammengelogen werden.

Die Saat Hitlers war aufgegangen, nicht bloß hier. Nur, das Gewächs trug einen anderen Namen.

Ein Winter ohne Schnee, meinte Werner Berg, sei wie eine lange Nacht ohne Schlaf. Er betrachtete mit Besorgnis den angebauten Weizen auf dem Feld, an dem wir langsam vorüberglitten, im bedächtigen Pferdeschritt. Alles komme heuer zu früh heraus, die Wärme sei unnatürlich, ein Rückschlag werde nicht ausbleiben, und dann sei alles, was heranwächst, in tödlicher Gefahr. Ich dachte an den Vers von Hans Leifhelm, den er mir 1933 aus Düsseldorf, selber höchst gefährdet, zugeschickt hatte:

Schau des Landmanns Beginnen,
Der Schnee um den Obstbaum häuft,
Daß nicht zu früh nach innen,
Lösend das Tauwasser träuft,
Daß nicht aus ruhendem Schweigen
Aufbricht, was nicht gedeiht,
Und die Säfte nicht steigen
In der gefährdeten Zeit.

Auch Werner Berg war gewohnt, sich in Bildern auszudrücken. Mir schien, als hätten seine Worte nicht nur Sinn und Bedeutung für das herrschende Wetter und die gefährdete Frucht auf dem Feld. Sie waren auch gültig für die menschliche Tätigkeit, gleichviel, in welchem Bereich sie geschah.

Die Leute, die uns begegneten, sagten ihr »Grüß Gott« oder auch ihr »Dobro dan«, je nachdem, zu welcher Sprache sie sich bekannten. So faßte ich es auf. Doch der Gastgeber berichtigte alsogleich: Das sei falsch verstanden und falsch gedacht, in dem Gruß drücke sich kein Bekenntnis aus. Das »Dobro dan« habe nicht die gleiche Bedeutung wie das »Zivel Tito«, das zuweilen mit schwarzer Kreide oder gleicher Farbe auf eine weiße Hausfront geschrieben war.

Wir sahen diese Inschrift erst später, im Dorf. Sie ja, sagte Werner Berg, sie sei ein echtes Bekenntnis, ein politisches, aber keinesfalls ein nationales in dem weiten und reinen Sinn, daß sich darin die Sehnsucht einer fremdsprachigen Minderheit nach dem Mutterland ihrer Sprache ausdrücke. Die Sprache selber sei kein Politikum wie jene Inschrift. Hier müsse man genau unterscheiden und den Unterschied stets präsent haben, wolle man sich nicht durch sich selbst oder durch andere in die Irre führen lassen. So sei es absolut falsch, stehe gegen die Wirklichkeit, zu glauben oder gar zu wissen, in dem Mann, der eben an uns mit seinem slowenischen Gruß vorbeigegangen, lebe nun auch schon das Verlangen, mit Jugoslawien staatlich vereint zu sein, in seinem »Dobro dan« drücke sich die Forderung aus, daß Kärnten geteilt werde und der Fleck Erde, auf dem er geboren wurde und heranwuchs, müsse von Österreich gewaltsam abgetrennt werden.

Die Straße, weithin deutend und mit dem Wellengang der vielen Hügel oft gekrümmt, wies zuweilen in den blanken Himmel, so wie ich das auf dem Land gern sehe, weil es eine Ahnung vom Unendlichen gibt. In Wirklichkeit führte sie ins Jauntal. Wir fuhren langsam durch

Horzach, links zeigten sich die kleine Kirche und die Ortschaft St. Primus. Nach dem Dorf Lauchenholz wurde ein Zipfelchen des Zablatnigsees sichtbar. Der Name St. Primus war am Eingang des Ortes in deutscher und slowenischer Sprache von einer Tafel abzulesen.

An einigen Hauswänden war wieder das »Zivel Tito« angeschrieben. Es wirkte so geschmacklos wie seinerzeit die Besudelung von Hauswänden mit »Heil Hitler«. Man brauchte die Anschreiber wahrlich nicht persönlich zu kennen, um zu wissen, daß man es mit fanatisierten Menschen zu tun hatte. Sie verbergen sich vor Tatsachen, verfälschen die Wirklichkeit, und es fällt nicht schwer, sich vorzustellen, daß sie auch gerne Menschen zurechtbiegen. Fanatismus und die fehlende Achtung vor Leben und Dasein des Nächsten wachsen auf einem Holz.

Werner Berg hat den Beruf des Bauern gewählt, um seiner eigentlichen Berufung, Maler zu sein, ein sicheres Fundament zu geben. Die Entscheidung geschah in Freiheit, weder Herkommen noch romantische Vorstellungen spielten dabei eine Rolle. Er wußte ebenso wie seine Frau, was sie damit auf sich nahmen. Seit vielen Jahren haust er mit der größer werdenden Familie auf dem Hof. Er ist mit den harten Bedingungen seines Daseins fertig geworden. Er kennt die politischen und menschlichen Verhältnisse seiner Landschaft besser als jene, die die Politik zu ihrem Beruf gemacht haben. Sein Urteil ist unbestechlich, von keiner nationalen oder politischen Leidenschaft getrübt, es ist von dem Wirklichkeitssinn bestimmt, der Grundlage und Voraussetzung seiner Berufung zum Künstler ist. Er kennt die Menschen und die Landschaft nicht nur als Bauer und Nachbar von Bauern, tiefer und folgenreicher als Maler, der Mensch und Landschaft formt und sie daher nicht nur von außen sieht. Gott segnet nicht den unnützen politischen Redner, sondern nur den, der imstande ist und jeden Tag bemüht, sein Werk nachzuschaffen.

Er selbst spricht nur zum Teil die slowenische Sprache, seine Kinder sprechen sie ganz. Sie haben sie in der Dorfschule gelernt, wo seit Jahren, mit Ausschluß der nationalsozialistischen Ära, der zweisprachige Unterricht auf dem Lehrplan steht. Ebenso wird in fast allen Kirchen Unterkärntens in slowenischer Sprache die Messe gelesen und gepredigt. Seine Kinder reden ihn auch im Haus oft und gerne in dieser Sprache an, um ihn in aller Unschuld etwas zu verwirren. Doch weiß er den Zweisprachenerlaß zu rühmen. Es walte Gerechtigkeit darin und ein hoher Sinn für Maß und Ordnung. Denn hier gibt es keine Sprachinsel, die geographisch abzugrenzen wäre, die zwei Sprachen fließen ineinander. Und er meint, die Verleihung der kulturellen Selbstverwaltung habe die Slowenen fest an Österreich gebunden, ohne Zwang, und ihnen die Sicherheit gegeben, als freie Bürger im Land leben zu können.

Die Menschen in dieser Landschaft sind religiös und fest im katholischen Glauben verwurzelt. Als dem Maler vor kurzem die Mutter gestorben war, kamen aus Unterkrain, Vellach, Gallizien, Möchling und aus noch weiter abgelegenen Ortschaften die Bauern und Bäuerinnen, deutschsprechende und slowenischsprechende, um an der Bahre der Toten den letzten Gruß zu sagen und die Totenwache zu halten. Sie verbrachten die Nächte bis zur Beerdigung in Gebeten, auch diese wurden slowenisch und deutsch gesprochen. Es bewegte den Maler, in dieser schönen Form der Trauer nicht nur menschliche Anteilnahme herauszuhören, sondern auf diese innige Weise auch zu erfahren, daß es innerhalb der zwei Sprachen keine nationale Aufspaltung gibt. Doch sind Gegensätze nicht erst vor dem Tod zum Ausgleich gekommen, sie waren gar nicht vorhanden. So gäbe es noch manches

Beispiel, meinte er, in dem sich die gemeinsame Lebensform erkennen läßt. Die künstlichen Thesen, an denen Gegensätze sich erhitzen und entzünden sollen, stoßen einfach ins Leere, finden keinen Halt in der Wirklichkeit.

Auf dem Weg von Kühnsdorf nach Völkermarkt fand sich an Hausfronten wiederum das »Zivel Tito« und am Steinbogen einer Brücke die Drohung »Smrt Wurfkomanndi« (Tod den Wurfkommandos). Was ein »Wurfkommando« ist, weiß niemand in Unterkärten, wenn er nicht gerade Mitglied der »Osvobodilna Fronta« ist. Und auch niemand in der Welt außer dem stellvertretenden jugoslawischen Außenminister Bebler, der damit bei den damals in London tagenden Verhandlungen für den österreichischen Staatsvertrag andere Staatsmänner zu überzeugen versuchte, die Slowenen in Unterkärnten seien in höchster Gefahr, ihr Leben durch Wurfkommandos zu verlieren.

Da man es liest, steigen aus der jüngsten Vergangenheit Parallelen auf, die keineswegs schmeichelhaft sind. Das Vorgehen der jugoslawischen Regierung erinnert an die Ausdehnungspolitik des Dritten Reiches: Dorthin, wo man sich festsetzen wollte, trug man die Anklage voraus, die Deutschen würden unterdrückt, mißhandelt und von organisierten Banden erschlagen. Der Gebietsanspruch, den Jugoslawien an Österreich stellte, war nackter Imperialismus, die Beschuldigung, die Slowenen würden unterdrückt, nur der Versuch, ein politisches System zu errichten, das demokratischen Grundsätzen und der österreichischen Verfassung widerspricht.

Eine »res judicata« hat Karl Renner die Abstimmung in Unterkärnten im Jahre 1920 genannt. Sie geschah mit den Mitteln des Rechts und der Gerechtigkeit. Die Wahrheit dieses Ausspruches drängt sich ins Bewußtsein, weilt man länger in der umstrittenen Landschaft, spricht man mit den Bewohnern, die dort geboren und aufgewachsen sind, die dort in Freiheit leben und in Freiheit arbeiten.

Wir steigen talwärts, zum letzten Mal. Der Rutarhof verschwindet hinter uns und mit ihm die winkenden Hände und die vertrauten Gesichter seiner Bewohner. Jeder Schritt von der Höhe ins Tal weckt Erinnerungen. Aus verborgenen Tiefen steigen sie auf, überfluten Herz und Gemüt und legen darüber einen Schatten der Wehmut. Ich begreife plötzlich: Jeder Abschied ist ein gefühlsmäßiges Innewerden des Vergänglichen, und Erinnerung ist ein unverlierbarer Schatz des Alters. Sie allein wird ihm bleiben, seinem Dasein Gewicht geben.

Ostwärts

Die Tage, Wochen und Monate gehen dahin, man kämpft um Papier für die Zeitschrift, man schreibt dies und das gegen falsche Entwicklungen, Schwermut überfällt uns zuweilen, die nur zu überwinden ist mit der Erinnerung an das, was alles auszuhalten war vor dem April 1945. Jetzt stehe ich wieder auf dem Bahnhof. Diesmal soll es ostwärts gehen.

Es war Juli, und es regnete. Alle Wagen waren überfüllt, die Fahrgäste drängten sich mit nassen Kleidern aneinander, feuchtklamme Hitze breitete sich aus, alte und junge Gesichter erglänzten im Schweiß. Der Zug war dann pünktlich von Wien abgefahren, er fuhr ordentlich dahin, aber gleich hinter Wiener Neustadt säumte er. Die Frage nach dem Warum wurde von dem Schaffner, der sich mühevoll von Abteil zu Abteil durchwand, mit einem stummen Achselzucken beantwortet. Nach einer Fahrt von hundertfünfzig Kilometern hatte der Zug ohne ersichtlichen Grund eine Verspätung von mehr als hundert Minuten – fast hätte ich gesagt: gewonnen. Aber dieser Gewinn war ein Verlust, zugefügt den Reisenden. Die alte chinesische Frage, was mit der gewonnenen Zeit zu beginnen sei, hätte in unserem Waggon ihre Weisheit verloren. Nach dem Mißvergnügen, mit dem bald der eine, bald der andere auf die Uhr sah, schienen alle Fahrgäste genau zu wissen, was sie mit der verlorenen Zeit hätten anfangen können.

In jeder Zugverspätung liegt für den Fahrgast ein unerklärbares Geheimnis, läßt man die Katastrophen beiseite, die ja, dem Himmel sei's gedankt, nur selten die

Ursache bilden. Es ist allerdings nur die Fiktion eines Geheimnisses, und die Erfahrung hat gelehrt, daß zumindest hierzulande die oberste Bahnverwaltung eifrig darauf bedacht ist, diese Fiktion zu erhalten.

Einmal, vor vielen Jahren, in der Pionierzeit des Dampfwagens und noch vor der psychologischen Epoche, muß dort ein findiger Kopf, der von der unwiderstehlichen Wirkung einer Uniform auf die Empfindungen der Untertanen überzeugt war, herausgefunden haben, daß Geheimhaltung einen respektgebietenden Abstand zwischen den offiziellen Bereich seines Amtes und die private Welt der Fahrgäste legt. Das erschien ihm so wünschenswert, daß ein Geheimnis, das niemals eines war und niemals eines hätte sein dürfen, auf außerdienstlichen Wegen zum Amtsgeheimnis befördert wurde. Die technischen, politischen und sozialen Entwicklungen, die der Welt inzwischen ein anderes Gesicht gegeben haben, waren in diesem Fall machtlos. Und so ist es geblieben. Wagt ein ungeduldiger Fahrgast die schüchterne Frage nach dem Warum und Weshalb einer Verspätung, so genügt ein Heben der Augenbrauen unter der Dienstkappe, um den Fragenden augenblicks verstummen zu lassen. Und hier beginnt ein echtes Geheimnis: Der Fürwitzige sieht das Ungehörige seines Verhaltens alsogleich ein und schämt sich.

Kein Geheimnis dagegen braut hinter dem Tatbestand, daß der Zug nur aus alten, zum Teil schäbigen Waggons besteht. Die ebenfalls alte Lokomotive keucht zwar bis nach Graz, aber nicht auf dem kürzesten Weg über den Semmering, sondern auf Umwegen über das Wechselgebirge nach Osten. Die Bahnlinie, die Graz mit Budapest verbindet, ist so gut wie nicht vorhanden. Bei St. Gotthardt zwar fahren einmal im Tag einige Waggons über die Grenze, doch sind sie immer leer. In Fehring, aber auch in anderen Orten nahe der Grenze ist es deutlich zu spüren: Hier hört geistig und politisch eine Welt auf, eine Form des gesellschaftlichen Lebens, die die unsere ist. Die südliche Oststeiermark ist zum Hinterland geworden, und als solches wird sie auch von den Verkehrsbehörden behandelt. Die Auffassung scheint vorzuherrschen, es genüge dafür das mindere Material. Hier waltet also kein Geheimnis, nur eine lässige Haltung und Obsorge, die bis zur Lieblosigkeit geht.

Es ist ein Freitag, und der kommende Montag gilt als Feiertag: man merkt den meisten Leuten an, sie fahren nach Hause. Die sich da aneinanderdrängen, sind zumeist junge Menschen, Mädel und Burschen, die vom Land herstammen, aber in der Hauptstadt, in Wien, arbeiten. Die Burschen wirken in der städtischen Kleidung unbeholfen und steif. Man sieht das Bild geradezu vor sich: wie sie, daheim angekommen, den Hut abnehmen, Rock und Sonntagshose ausziehen und in ihr altes Bauerngewand schlüpfen. Am Abend, wenn es draußen dunkelt und der ungeheure Himmel über der Ebene seine Melancholie in das menschliche Herz verströmt, werden sie vielleicht das Vieh füttern und die Kühe melken, und die Mädchen, welche in der Stadt vielleicht Verkäuferinnen sind oder sonstwas, werden sich an den Herd stellen und der Mutter zur Hand gehen. Sie bilden die Generation, die dem Land verlorengegangen und für die Stadt gewonnen worden ist. Sie leben jetzt noch in zwei verschiedenen Bereichen zugleich, aber schon ihre Kinder werden mit dem Pflug, der Sense, dem Melkeimer nicht mehr umgehen können. Sie werden ihr Zuhause in der Stadt haben und nur noch ihre Ferien auf dem Land verbringen, bei den Großeltern zunächst und später dann bei den Geschwistern ihrer Eltern, bei Onkel und Tante.

Das Leben ist in der Stadt nicht so einfach wie auf dem Land, aber bequemer. Es ist im Grunde ein paradoxer

Zustand, in dem sie leben. Alte, verläßliche Begriffe haben eine verkehrte Bedeutung angenommen. Jetzt, da diese jungen Leute heimfahren, in einen Bereich, den sie zumeist freiwillig verlassen haben, wirken sie fröhlich, aufgelockert und nicht mehr so verloren wie in der Stadt. Es ist, als hätte jeder dieser jungen Mitreisenden seine Individualität zurückgewonnen. Sie sind wieder Personen geworden.

In Aspang leert sich der volle Zug zur Hälfte, nun hat man bequem Platz. Mir gegenüber sitzt ein altes Paar, Eheleute wahrscheinlich. In dieser Zeit, in der Rentner und Rentnerin, haben sie den Gefährten verloren, sich aufs neue zusammentun, ist das nicht so genau auszumachen. Nach einiger Zeit nimmt die Frau ihre Tasche auf die Knie. Sie kramt darin, Papier raschelt, ihre welke Hand faßt nach einigen Wurstbroten. Der Mann sieht ihr zu wie ein Kind in der Erwartung einer Freude. Aber da er kein Kind mehr ist, wirkt seine begehrliche Spannung ungehörig. Nun hat er sein Brot, und ist das Stück, das er davon abgebissen hat, zu groß geraten, nimmt er es mit zwei Fingern aus dem Mund und zerbricht es in die Hälfte. Auf seiner Hose liegen Krümel, die er langsam aufpickt.

Ihre Unterhaltung ist zögernd und schwer. Sie wird laut, doch fast unartikuliert geführt. Der Mann kaut. Indem er die Hand mit dem Brot zum Fenster hebt, sagt er: »Regen.« Die Frau nickt. Nach einer Weile sagt er wieder: »Du, schau, wie es regnet.« Und die Frau antwortet: »Ja, es regnet.«

Ihre Lippen und Finger glänzen fett. Der Alte auf Nörholm, Knut Hamsun, wird plötzlich in mir lebendig, ich denke an seine tiefe Abneigung gegen alte Menschen. Man könnte ihn begreifen, aber in diesem Begreifen ist auch die Sünde gegen die Ehrfurcht vor dem Alter eingeschlossen. Das hohe Alter, das er selbst erreichte, scheint mir nun wie eine von Himmelsgeistern auf ihn gelegte Last, an der er schwer genug zu tragen hat.

Der Tag darauf brachte anderes Wetter, das untere Raabtal liegt nun im gleißenden Licht der Vormittagssonne. Von der Raab selbst, ihrem trägfließenden Wasser, ist von meinem Standort aus nur wenig zu sehen. Dichte Weidenbüsche markieren ihren Lauf. Von beiden Ufern weg breiten sich Felder aus, verschiedenfarbige, harmonisch geschwungene Flächen. Die Farbe kommt von der Frucht, die auf den Feldern heranwächst: Korn, Weizen, Hafer, Klee und der hochaufschießende Mais, zwischen dessen blattumwundenen Schäften dicht am Boden das verworrene hohle Rankenwerk der Kürbisse in zähwuchernder Ausdehnungsgier seinen Weg sucht.

Der gegenüberliegende Höhenzug verläuft in gleicher Richtung wie der Fluß. Aber noch vor der ungarischen Grenze nimmt er an Höhe ab und verliert sich allmählich in der Ebene. Zu seinen Füßen und auf seinem Rücken liegen einzelne Gehöfte. Zuweilen versammeln sich einige um eine kleine Kirche und bilden so den Kern einer Ortschaft. Ihre Namen klingen einander ähnlich, und für einen wie mich, der weiß, daß seine Vorfahren einst über diese Gebreiten tätig wandelten, haben sie eine magische und zugleich holde Anziehungskraft. Die Pappeln da und dort setzen ein unvergeßliches Zeichen der Melancholie in den sich niederwölbenden Horizont.

Auf den Hängen des Höhenzuges breiten sich ebenfalls Felder und Wiesen aus. Es ist eine fruchtbare, bukolische Landschaft. In Falten und Windungen schmiegen sich die Wiesen und Felder ein, und wenn man von der gegenüberliegenden Höhe auf sie schaut, macht es den Eindruck, als hätte ein urmächtiger Wind einst vor vielen tausend Jahren die Flanken des Höhenzuges aufgebauscht und wäre noch im Wehen plötzlich erstarrt. Die hellen und dunklen Flecken kamen später. Sie wurden vom Pflug, der die Erde auflockerte, von des Menschen Hand, die den Samen streute, und der immerfort tätigen Wachstumskraft, die unbemerkt im Stillen bildet, eingefügt.

Auf den Feldern entlang der Flußufer schneiden die Bauern das Korn. Ich erkenne die Leute vom Haus, in dem ich seit gestern wohne. Der Sohn schwingt die mit einem runden Holzbügel versehene Sense, in geraden Reihen fallen die Halme, die Mutter und ihre Schwester raffen sie mit einer Sichel zusammen und legen gleichmäßige Bündel, die von der Tochter mittels zusammengenommener Halme zu festen Garben verschnürt werden.

Ihren Auszug auf den Acker habe ich verschlafen, obschon ich ein Mensch des Morgens bin. Als ich erwachte, war Stille um mich, die durch das leise, selbstsüchtige Gackern der futtersuchenden Hühner, das trauliche Gurren der Tauben im Verschlag und das dumpfe Stampfen der Rinder im Stall keineswegs gestört, eher noch vertieft wurde. Später fand ich auf dem Tisch in der Küche eine Schale Milch und duftendes dunkles Brot. So war für den Gast gesorgt.

Draußen dann, vor dem Holzschuppen, sah ich den alten Michel. Mit einer biegsamen Gerte in der dürren, kraftlosen Hand stolpert er hinter dem Hühnervolk her, zu dessen Hirten er sich freiwillig gemacht hat. Als er mich erblickt, lüpft er zollhoch das Käppchen und läßt sich für eine kurze Weile neben mir auf der Bank nieder. Sein Blick ist farblos und ermattet, er ist über achtzig und steht im Genuß einer Rente. Er könnte hier sitzen bleiben und so wie ich ins Tal hinunterschauen, vom Morgen bis zum Abend, aber es hält ihn nicht lange. »Da, sie laufen schon wieder fort«, sagt er und deutet mit der Gerte auf eine Schar Küken, die sich durch das Gras hangaufwärts schnäbeln. Seine Geschäftigkeit und seine höfliche Geste von vorhin verwirren mich etwas. Sie mischen einen leisen Vorwurf in meine Empfindungen stillen Behagens und friedvollen Wohlseins. Es ist der niemals ganz zu beschwichtigende Vorwurf, der im Sommer den Feriengast unter tätigen Landmenschen so gerne heimsucht.

Ach, es hilft nur wenig, ruhend auf der Bank und hinunterblickend ins Tal, sich vorzusagen, man habe ein langes Jahr hindurch das Seine redlich getan und sich damit ein Recht auf ein wochenlanges Stillehalten erworben. Denn man hat inzwischen den Ablauf eines bäuerlichen Arbeitstages erfahren, nicht erst heute und nicht auf einmal, nein, gleichsam schonend und in mehreren Etappen. Aber nun denke ich daran. Ich sehe seinen Zusammenhang und ebenso seine Wiederholung: dieses Tag um Tag. Die Wichtigkeit des eigenen Tuns, mag sie sonst und anderswo auch sinnvoll scheinen und bescheidene Freuden erwecken, schrumpft plötzlich zusammen. Sie wird fragwürdig angesichts einer Arbeit, deren Ordnung und Ablauf von den Jahreszeiten bestimmt werden und an deren Ende, simpel empfunden und ausgedrückt, die Frucht eingebracht wird, die den Menschen ernährt.

So begreift man allmählich auch die ruhigere Wesensart des bäuerlichen Menschen, seine fromme Gelassenheit vor dem Schicksal. Und man ahnt, weshalb er, eingeschlossen im Jahreskreis und ständig unter freiem Himmel tätig, nicht vor ungerechtem Menschenwerk, wohl aber vor dem unausweichlichen Verhängnis eher die Hände faltet, statt sie zu Fäusten zu ballen.

Und so mag Gott ihn schützen vor Feuer, Hagelschlag und Krieg.

Die Zweifel am Sinn eigenen Tuns legten sich allmählich. Im größeren Zusammenhang hat jeder das Seine zu tun, und ist er redlich darin, wird jede Tätigkeit vor dem

Tagwerk des Bauern bestehen. Selbst die des Schreibers zum Tag, des Redakteurs und Publizisten. Es war vor nicht ganz zwei Jahren gewesen, im Herbst 1948, als ich das niedergeschrieben hatte, was mich jetzt, das fruchtbare Tal vor mir und den Arbeitsfleiß der Bauern, mit einiger Zufriedenheit erfüllte. In Breslau waren zum ersten Mal die »progressiven Intellektuellen« zusammengetroffen. Was sie in Bewegung brachten, sollte sich bald wie eine Seuche über die westliche Welt ausbreiten:

»Sie haben vor nicht allzulanger Zeit getagt, die ›progressiven Intellektuellen‹. Aus allen europäischen Ländern sind sie nach ›Wroclaw‹ gekommen, in eine Stadt, die wir bisher unter dem Namen Breslau kannten. In einem Kongreß für die ›Verteidigung des Friedens und der Kultur‹ haben sie Reden gehalten und ein Manifest erlassen. Die Sprache, der sie sich dazu bedienten, klirrte wie ein Panzer, gleißte wie ein Kriegsschild im Sonnenlicht. Sie haben vom Imperialismus gesprochen und ebenso von den Kriegshetzern, die überall in Europa und in Amerika am Werk seien, ausgenommen, versteht sich, in der Sowjetunion und in den Ländern der Volksdemokratie. Sie haben vom Faschismus geredet, von der nackten Gewalt und der ›Mystik und der Vertierung der Menschen‹, gleichsam in einem Atemzug. Sie redeten auch vom friedlichen Aufbauwillen in jenen Ländern, die, weil sie ihren Bewohnern die demokratischen Freiheiten und das Recht der persönlichen Entscheidung vorenthalten, ihnen in Form der ›Volksvolksherrschaft‹ eine hölzerne Holztür vor die Nase setzen, damit sie in der Unfreiheit doppelt eingeschlossen sind. Sie haben den Monopolkapitalismus verurteilt und mit ihm alle, die aus verbrecherischer Neigung oder lauer Bequemlichkeit ihm und somit dem Faschismus dienstbar sind wie etwa die demokratischen Sozialisten. Sie haben die Gründung von nationalen Komitees des Friedens und der Kultur empfohlen, und einer von den österreichischen Delegierten, Herr Ernst Fischer, hat bei uns in Wien für eine solche Gründung bereits vorgefühlt. Sie haben, alles in allem genommen, einen lauten Feldzug für den ›Frieden‹ eröffnet, und kein Feldherr in der Geschichte, auch der schneidigste und dümmste nicht, hat jemals mit solcher Schärfe und gleich erbarmungslos für den Krieg gehetzt wie die progressiven Intellektuellen in Breslau dort für den ›Frieden‹. Niemals noch war in einem internationalen Kongreß von Repräsentanten der Kunst und des Geistes die nackte Phrase zu solchen Ehren gekommen wie dort in Wroclaw. Die arge Vereinfachung, nach Jakob Burckhardt das schlimmste geistige Vergehen, feierte ihren höchsten Triumph.

Übertreiben wir? Aber nein. Wir sprechen nur eine andere Sprache als etwa Herr Ernst Fischer, der doch wohl nicht im Ernst gemeint haben konnte, dort, in Wroclaw, sei die ›gemeinsame Menschheitssprache‹ gesprochen worden. Es scheint doch leicht, von der Menschensprache auf die Menschheitssprache zu kommen. Wir dagegen wollen und können auf Nuancen nicht verzichten und berufen uns dabei auf den Schweizer Jakob Burckhardt, der nebenbei auch ein Europäer war, und wir tun das auf die Gefahr hin, ihn jetzt von den progressiven Intellektuellen als Vorläufer des Faschismus entlarvt zu sehen. War er denn nicht auch ein Repräsentant jener ›bürgerlichen Kultur‹, die es nach der Meinung des Herrn Ilja Ehrenburg nicht mehr gibt? War er, weil er an Nuancen glaubte und daran festhielt, nicht ein Vorläufer des Faschismus, wie es jetzt der Russe Berdjajew, der Engländer Toynbee und auch der Amerikaner Hemingway nach den Worten des Herrn Georg Lukács sind? Man hat sie bei diesem Kongreß alle in einen Topf geworfen, in dem schon andere sotten, und ihnen noch Bevin, Attlee und Truman als Würze beigegeben. So progressive Köche, wie sie in Wroclaw am Werk waren, sind niemals verlegen, wenn es gilt, den verschiedensten Individuen und Anschauungen, die den Reichtum Europas, der Welt ausmachen, ihre Nuancen zu nehmen, ihnen den spezifischen Charakter auszukochen und sie als Eintopf unter dem Namen Imperialismus ihren verdutzten Hörern und Lesern zu servieren. Er schmeckt nur fade und abgestanden.

Übertreiben wir? Aber nein. Wir erinnern uns nur. Wir halten nur fest, was dort, in Wroclaw, gesprochen wurde, aber wir erinnern uns auch und halten fest, was noch vor weniger als vier Jahren im Herzen Europas, in Deutschland, gesprochen worden ist. Es ist der gleiche Tonfall, Nachhall von einst, und die Stimmen von einst und jetzt vereinigen sich zu einem Mißklang. Man wechsle die Passagen aus, und dem Ganzen ist kein Schaden zugefügt. Ist es nicht die Stimme von Joseph Goebbels, der sich gar oft anschickte, Stalin in der Öffentlichkeit die Maske vom Gesicht zu reißen, wenn wir jetzt aus Wroclaw hören, daß selbst die ›besten Perücken nicht mit der Haut verwachsen sind‹ und daß es zur Aufgabe der fortschrittlichen Intelligenz gehöre, jenen die Maske vom Gesicht zu reißen, die mit der ›westlichen Kultur‹ einen barbarischen Krieg vorbereiten? Die Anklage ist leicht erhoben, es fehlen nur die Beweise. Auch Goebbels verzichtete auf sie, wenn er seine ungeheuren Läppischkeiten in die Welt entließ.

Wir übertreiben nicht, wenn wir sagen, daß die ›progressiven Intellektuellen‹ bestenfalls und dort, wo sie es ehrlich meinen, mit organischer Blindheit für Wahrheit und Wirklichkeit geschlagen sind. Wir übertreiben nicht, wenn wir sagen, sie sind von jeder Logik weit ›fortgeschritten‹. Der Kampf für den Frieden beginnt mit der Achtung für die Würde und Freiheit des Menschen, mit der Bereitschaft, ihn als Individuum anzuerkennen und seine Unverletzlichkeit zu respektieren. Er beginnt mit der Achtung vor seinen Grundrechten, vor der Freiheit der Presse, des politischen und religiösen Bekenntnisses. Er beginnt mit dem festen Willen, den Menschen, auch den geringsten von uns, in seinem Verstand und seinem Herzen so auszubilden, daß er fähig wird, seine Entscheidungen nach eigener Einsicht zu treffen; ihn so zu führen, daß er von der Wahrheit mehr hält als von ideologischen Konstruktionen; und daß er handelt nach dem, was er für wahr und richtig hält.

Darüber hat die ›fortschrittliche Intelligenz‹, die in Wroclaw versammelt war, kein Wort verloren. Sie hat dort von Frieden gesprochen wie ein Blinder, dem man zumutet, Farben zu unterscheiden. Nur daß der Blinde, führte er das aus, ungefährlich ist. Das Falsche ist der grimmigste Feind des Echten. Die vom Frieden unter den Menschen reden und dabei seine Voraussetzung leugnen, seinen Quellgrund beschmutzen, gefährden ihn mehr als die säbelklirrenden Haudegen, die ja immer und niemals mehr als nur höhergestellte Dienstboten einer Regierung sind.«

Viele stimmten zu, im Privaten und wohltemperiert. Keiner unbekümmert und öffentlich.

Die beiden Schwestern meines Vaters erwarteten mich in Fürstenfeld. Sie haten die Siebzig überschritten. Auch ein Fremder hätte sie sofort als Schwestern erkannt. Sie hatten ein Sippengesicht, und bei der einen, der »Ploni-Tant«, hatte ich bereits im Ersten Weltkrieg die Ferien verbracht. Ihr Name leitet sich von Appolonia ab. Im christlichen Kalender habe ich ihn nicht gefunden. Vielleicht hat ihn ein neuer Feiertag aufgeschluckt. Sie waren im Herzen milde, ihre Rechtschaffenheit war aus Granit. Ich glaube nicht, daß sie selbst in ihren Kinderjahren jemals gelogen haben.

Sie waren sich auch einig über meine Fahrt. Ich solle lieber »ausweichen«, meinten sie, und die nahe Demarkationslinie hinüber ins Burgenland nicht überschreiten. Man wisse nie, was einen dort erwarte. Zu meinem viersprachigen Identitätsausweis hatten sie kein Vertrauen.

Sie waren alt. Aber hinter der angeratenen Vorsicht lag mehr als nur Altersfurcht. Auch jüngere meinten, ohne Notwendigkeit würden sie da nicht hinübergehen. Mut oder Ängstlichkeit sind Eigenschaften des jeweiligen Temperaments. Hier jedoch war es die Angst vor einem über die Straße gelegten Schranken, dem Wartehäuschen und den dazugehörigen auf und ab patrouillierenden Soldaten in russischer Uniform. Sie war das Ergebnis einer Politik, die sich wenig um Menschen kümmert.

In dem Autobus, der von Fürstenfeld nach Güssing fuhr, saßen mit dem Chauffeur sechs Personen. Jeder grüßte jeden, bevor er seinen Platz einnahm. Ein junger Bursch vor mir las in einem Groschenheft mit einer Wildwestszene auf dem Titelblatt: *Der Sohn des Kojoten.* Die Straße senkte sich, im Rückblick schien die verlassene Stadt wie von sanfter Hand ein Stück in den Himmel gehoben. Bevor wir noch die Ebene ganz erreicht hatten, war am Straßensaum eine Tafel mit der Inschrift aufgestellt: »Achtung! Demarkationslinie.« Und bald danach sahen wir das Wartehäuschen und davor den über die Straße gelegten Schranken.

Es war der immer gleiche Vorgang, unterschieden nur durch die geringe Frequenz. Der Chauffeur konnte im Wagen bleiben, die Fahrgäste mußten aussteigen, zum Schranken treten und die Ausweise vorzeigen. Der Wachtposten prüfte genau und sah jedem ins Gesicht. Ich war mir sicher, daß er die anderen Fahrgäste seit langem kannte. Wie aus den Gesprächen hervorging, befuhren sie an den Werktagen die Strecke zweimal. Aber er ließ sich nichts davon anmerken. Es war seine Pflicht, die Ausweise zu kontrollieren, gleichviel, wer sie ihm hinreichte. Die Vertraulichkeit, die sonst provinzielle Nähe zwischen Amtsorgan und Bürger erzeugt, fehlte und machte das Amtsorgan zum Automaten.

Es war alles in der Ordnung, die man da anstrebte. Die Fahrgäste durften den Omnibus wieder besteigen, ein anderer Soldat ließ den Schranken hochgehen, der Chauffeur fuhr wieder an. Wir waren jenseits der »Grenze«.

In Heiligenkreuz an der Lafnitz gibt es zehn Minuten Aufenthalt. Es sind nur noch wenige Kilometer bis zur ungarischen Grenze. Um den Ort war vor fünf Jahren heftig gekämpft worden, fast jedes der niederen, weißbekalkten Häuser trug noch Spuren davon. Hinter Heiligenkreuz steigt die Straße sanft auf einen niederen, bewaldeten Hügel. Noch ehe die Höhe vollends erreicht ist, warnt eine Tafel am Straßenrand: »Achtung! Stacheldraht! Vermint!« Wir sind knapp an der ungarischen Grenze. Ich bitte den Chauffeur, er möge anhalten und mich aussteigen lassen. Er schüttelt nur den Kopf. Ich möchte zu Fuß weitergehen, wiederhole ich. Er begreift nicht, aber er hält.

Ich lese nochmals die Inschrift auf der Tafel und gehe langsam weiter. Auf der Höhe öffnet sich ein überraschender Fernblick hinein ins ungarische Land. Er wird von einem übermannshohen Zaun durchschnitten, trotzdem weitet sich das Herz.

Von der naturgewachsenen Hecke bis zum Stacheldraht ist's ein weiter Weg, den die Menschen gegangen sind, und wem verkrampft sich nicht das Herz, wenn er ihn vor sich sieht, als eine Grenze zwischen zwei Ländern? Grenzen, sagte später mein Freund Hanns Koren, sollten Hecken bleiben, in denen Singvögel nisten.

Die übermannshohen Holzpflöcke sind etwa zweieinhalb Meter voneinander in die Erde gerammt. Oben trägt jeder einen eisernen Bogen, der sich nach innen wölbt. Von einem zum andern sind durchlaufend drei Reihen von Stacheldraht gezogen. Auch unterhalb sind die Pflöcke mit Stacheldraht verspannt. Dahinter sind ebenfalls mit Stacheldraht verspannte Pfosten eingerammt, so daß die ganze Abzäunung etwa einen Meter breit ist. In gleichen Abständen in die Erde eingegraben, die Oberfläche noch sichtbar, liegen Tellerminen, durch einen Draht miteinander verbunden. Ich stelle mir vor, wie da einer mit Zollstab und Meßlatte vorangegangen ist, um die Stelle zu markieren, an der die einzelnen Mordstücke einzugraben waren. Tritt ein lebendes Wesen darauf, sei's nun Mensch oder Tier, explodieren sie.

Es ist eine gefährliche Grenze, und es ist ein warmer, friedlicher Nachmittag, die Sonne wärmt, und die Landschaft ist mit Früchten gesegnet. Während ich langsam an der Abzäunung entlanggehe, friert mich im Innern. Behutsam setze ich Schritt für Schritt, es ist, als ginge ich über Eis.

Jenseits der Abzäunung ist ein Stück vom Wald abgeholzt. Auf dem Hang sehe ich, wie Männer und Frauen das geschlägerte Holz forttragen, die kurz aus der Erde ragenden Stümpfe ausbrennen und da und dort mit Krampen und Rechen den Waldboden ebnen. Und dann sehe ich auch den Ansitz mit dem überdachten Plateau oben, und es ist bei Gott kein Hubertusjünger, der ihn bestiegen hat, um von oben harmlose Waldtiere zu beobachten.

Einige der Männer blicken von ihrer Arbeit auf. Sie sehen mich, heben die Hand und winken mir zu. Diese Szene setzt sich fort von Gruppe zu Gruppe. Eine unbenennbare Scham überfällt mich. Ich trage einen Rucksack, feste Schuhe und einen Lodenrock. Ich bin ein Wanderer, ich kann meine Schritte lenken, wohin ich will. Ich kann weitergehen oder umkehren, ich kann nach links abbiegen oder schräg über die Felder schweifen. Nur zu den Menschen hinter dem Stacheldraht kann ich nicht. Ich kann nur die Hand heben und grüßend zurückwinken.

Niemals noch habe ich in mir den Wunsch verspürt, den Herren aus »Wroclaw« zu begegnen. Jetzt, im Augenblick, hätte ich einige von ihnen gern an meiner Seite gesehen. Doch war zu erwarten, daß sie, nach einem flüchtigen Blick über den Stacheldraht, mir etwas von einer hölzernen Holztür vorerzählt hätten.

Als ich fortging von dieser Grenze, die Scham der Ohnmacht im Herzen, sah ich sie wieder vor mir, die Sendboten der Friedenskämpfer. Geschäftig eilten sie von Haus zu Haus, von Tür zu Tür und hielten den Öffnenden einen Bogen Papier unter die Nase. »Bist du für den Frieden und gegen die Atomwaffe?« fragten sie; auf dem Papier und mit dem lebendigen Wort heischten sie gleichzeitig nach der Unterschrift des Befragten. Wem schauderte nicht vor der Atombombe? Wer möchte nicht in Frieden seiner Arbeit nachgehen, ohne Furcht seine Kinder aufwachsen sehen und in ungestörter Ruhe seinen Lebensabend verbringen? Und wer da vermessen fragte, wer den Frieden bedrohe, bekam im Flug die Antwort zurück: Das westliche Europa und Amerika besonders und überhaupt alle, die nicht begreifen wollten, daß man nur dann im Frieden leben könne, wenn man sich in den Schutz einer Volksdemokratie begebe. Es war alles so einfach, auf dem vorgewiesenen Blatt konnte man schwarz auf weiß lesen, wer für den Frieden war und wer nicht. Und in den Fabrikshallen in der sowjetisch besetzten Zone hielt man den zusammengerufenen Arbeitern den Friedensappell gleich bündelweise vor.

Aber nur wenige gaben ihre Unterschrift her. Sie hatten ihren Sinn für die Wirklichkeit nicht einschlafen lassen, sie ahnten, daß ein »Friedenskämpfer« nicht unbedingt auch ein Friedensbringer ist. Sie hatten das monotone »Njet« im Ohr, das der sowjetische Repräsentant im Alliierten Rat unverdrossen wiederholte, wenn es galt, dem vierfach besetzten Land eine Erleichterung zu verschaffen. Sie wünschten den Frieden sehnsüchtiger herbei als irgendwer sonst, aber sie hatten den Stacheldraht vor Augen und die von den Friedenskämpfern militärisch besetzten Sperrzonen, und sie verweigerten die Unterschrift.

Die Mehrzahl der österreichischen Intellektuellen dagegen, deren Aufgabe es gewesen wäre, zu prüfen, ob Wort und Sinn sich deckten, ob die Sprache eine Wirklichkeit genau bezeichnete oder nur verhüllte – sie »nahmen Stellung« zu dem *Offenen Brief an die Schriftsteller der westlichen Welt*, der von Ilja Ehrenburg stammte. Sie sahen und hörten nicht, was eigentlich vorging, und fragten nicht nach den Beweisen, die der Ankläger schuldig blieb. Sie reihten sich ein, ohne Zwang, sie wählten die Zeitung der sowjetischen Besatzungsmacht als Forum, und ihr Bekenntnis klang wie eine Melodie zum anbefohlenen Stechschritt. ». . . aber nicht nur in der kriegshetzerischen Propaganda, viel mehr noch ist in der Aufrüstung und in den Waffentransporten, die fortlaufend in den verschiedenen Ländern Westeuropas eintreffen, eine reale Kriegsgefahr enthalten . . .«, hatte der durchaus achtenswerte Edwin Rollet dort verlauten lassen, und der Lyriker Felmayer hatte ebendort die Aufgabe des Schriftstellers beschrieben, um sie sofort zu vergessen: ». . . Der Brief des sowjetischen Schriftstellers ist ein Appell an das Verantwortungsgefühl aller, die in schöpferischer Weise mit dem Wort zu tun haben. . .«

Nein, besser, ich rief keinen herbei, weder diesen noch jenen, man mied sie fortan, sie würden doch nicht sehen, was zu sehen war:

Der Gotteserde lichten Saal
Verdüstern sie zum Jammertal;
Daran entdecken wir geschwind,
Wie jämmerlich sie selber sind.

Die sanften Spottzeilen Goethes huschten durch mein Gedächtnis. Ich wendete mich ab.

Demokratisches

Die Welt ist kein schwärender Abszeß, wie eine Mode in der Kunst uns heute einzureden versucht. Sie ist auch kein Tummelplatz für die kokette Verzweiflung jener, die in einen selbstgeschaffenen Abgrund starren, in das vermeintliche Nichts, und davon blind geworden sind. Die Welt ist ein Stern, den wir Erde nennen, sie ist der von Schöpferkraft verliehene zeitweilige Aufenthalt für uns Menschen. Was wir aus ihm machen, bleibt unser Werk, fällt auf uns zurück. Gott, wie die Frommen die Schöpfungskraft benennen, schaut nur zu. Das mag ihm nicht jederzeit leicht fallen. Aber immer noch verleiht er nach der Nacht einen Morgen.

Angst – sie hat es gegeben seit Anbeginn, seit es Menschen gibt. Sie wird ihn weiterhin begleiten, trotz aller hochherzigen Versuche, sie ganz aus der Welt zu schaffen. Sie ist ihm ebenso angeboren wie die Hoffnung. Doch gibt das weder der Politik noch der Kunst das Recht, sie ins Allgemeine zu verbreiten und gleichsam Schulen der Angst zu gründen.

Vor grauen Zeiten fürchtete sich der Mensch vor den Gewalten der Natur, der Finsternis der Nacht, dem frostklirrenden Winter. Er wehrte sich und ersann Mittel, um sich dagegen zu schützen. Heute fürchtet sich der Mensch vor den Ergebnissen der Politik, vor dem Treiben der Staatsmänner im seidenen Frack oder im leinenen Burnus. Auch ihm ist es gelungen, Mittel dagegen zu ersinnen, weise Vorkehrungen zu treffen. Der krankhafte Wahn der Mächtigen schiebt sie souverän beiseite.

Die Publizisten, vom Volk, von seiner Regierung allein

gelassen, kratzen nur an der Macht. Was sie vermögen, ist, daß sich da oder dort ein Stück Firnis löst.

Die Zahl der Leser nahm ab. Im Sommer 1950 stellte die Zeitschrift ihr Erscheinen ein. Man müsse, hatte zuvor der Vermögensverwalter gedrängt, sie »auflockern« in Inhalt und Stil. Ich kannte das Zauberwort, ich kannte auch seine Folgen. Ich lehnte ab und nahm, was nicht nach seinem Willen war, öffentlich Abschied.

Zehn Jahre später, fast auf den Tag, sprach ich im »Nachtstudio« des Österreichischen Rundfunks über *Unsicherheiten in der Demokratie.* Ich setzte damit nur fort, was mit der Zeitschrift begonnen worden war und plötzlich aufhören mußte:

»Gibt es das überhaupt: Unsicherheiten in der Demokratie? Meine Frage ist nicht so naiv, auch nicht so ironisch gemeint, wie Ihnen das vorkommen mag, je nachdem, wie Sie heute gestimmt sein oder woran Sie sonst immer Ihren politischen Glauben hängen mögen. Sie hat eine gewisse Berechtigung, wenn wir uns, Sie und ich, rasch darüber einigen, es sei Demokratie eine politische Form, in der ein Volk, das zu einem Staatsverband zusammengefügt ist, sein zeitliches Dasein einrichtet und hinbringt, und es sei das Unsichere vornehmlich eine Empfindung, die an das Individuum gebunden ist, die im Einzelwesen entsteht, wirkt und Unbehagen, Sorge und Angst auslöst. Meine Frage gewinnt eine volle Berechtigung, wenn sie die jüngste Geschichte unseres Landes zumindest streift und Ihnen so einen matten Dämmerschein von jenen Verfinsterungen heranzubringen vermag, die wir, und damit meine ich jetzt die Generation, welche die Fünfzig überschritten hat oder bald überschreiten wird, zu durchleben hatten. Damals, in jener noch nahen Vergangenheit, in der jedwede Ordnung im Sinn einer frei gewählten sittlichen Verantwortung auseinandergebrochen, das Alter ohne den Schutz der Ehrfurcht geblieben war und die Jugend bedenkenlos hingeopfert wurde, damals erschien uns die Verfassung einer parlamentarischen Demokratie von so lebensspendender Hoffnung, wie sie sich nur im völlig ermatteten Bewußtsein von Schiffbrüchigen ausbreiten kann, die nach erschöpfender Irrfahrt plötzlich wieder Land vor Augen haben. Wie sollte es da, wiederum auf festem Boden und nach solchen Heimsuchungen, auch nur eine Spur von Unsicherheit in der erfüllten Hoffnung geben?

Die Beschwörung des unversehrten Menschen, die Vorstellung eines gesellschaftlichen Zustandes, in welchem des Menschen politische und religiöse Freiheit gesichert wäre, in dem sein natürliches Recht und seine integrale Würde anerkannt und unangetastet blieben, war damals von so ungeheurer Faszination, wie sie heute auch durch die lebendigste Erinnerung kaum mehr nachzuempfinden ist. Sie belebte den ermatteten Sinn, erregte die Phantasie, erhellte zuzeiten die Verfinsterung. Solcherart, so intensiv, stellte sich uns, den demokratisch oder, um es unpolitisch und weiter zu fassen, den menschlich Gesinnten die Demokratie in einer Diktatur vor, deren Denk- und Fühlweise eigentlich außerhalb jedes menschlichen Begreifens liegt. Das einander Ausschließende der beiden genannten Systeme, ihr unversöhnlicher Gegensatz, ist durch schmerzliche Erfahrungen hinreichend abgeklärt. Es braucht dazu keine besondere Profilierung durch einen begrifflichen Denkprozeß, keine scharfsinnige Definition. Ihnen gegenübergestellt, auch im Nachhinein, kann es keine Alternative geben, vorausgesetzt, eine solche in der Vorstellung denkbare Wahl geschähe auf dem Boden freier Entscheidungsmöglichkeit, im Geist moralischer Verantwortung und mit hellem Bürgerverstand.

Etwas schwieriger ist es, dem möglichen, ja wohl unausbleiblichen Einwand zu begegnen, es sei das Gebilde, das ich mit dem Namen der Demokratie versehen und unter so entarteten Bedingungen entwickelt habe, eine wohl eindrucksvolle Beschwörung, im Lichte nüchterner Betrachtung jedoch stelle sie nichts weiter dar als eine aus Gefühl und Sehnsucht geschaffene Konzeption; ihr idealistischer Grundriß sei dort, wo Menschen leben, nicht eigentlich zu verwirklichen, er hänge in visionärer Luft und gleiche somit wohl eher einer Halluzination als einem festgefügten Bild der Wirklichkeit. Diese Konzeption nehme sich doch etwas seltsam, wenn nicht gar bemitleidenswert komisch aus, hält man sie gegen die Praxis des politischen und rechtlichen Denkens und Handelns, die sich seit 1945, also im Rahmen der neugewonnenen Demokratie, herausgebildet hat.

Bevor ich näher darauf eingehe, lassen Sie mich Ihnen schon jetzt sagen, daß es nicht in meiner Absicht liegen kann, mit dem gelegentlichen Blick zurück Wunden anzurühren, die zum Teil noch offen, zum anderen Teil nur mühsam vernarbt sind. Gleichwohl: es wäre dem Menschenopfer, das gefordert wurde, nicht angebracht, und den nur mühsam ausgestandenen Leiden nicht angemessen, wollten wir über diesen Abschnitt unserer jüngsten Geschichte einfach hinweghuschen, so als hätte es ihn niemals gegeben.

Wir können uns nicht mit geschlossenen Augen aus der Geschichte fortstehlen. Zorn und Empörung, Trauer und Beschämung, kein noch so aufgeregter Zustand in uns kann uns an der historischen Wahrheit vorbeiführen, daß es unter uns viele gegeben hat, die Hitler und seine Politik herbeigerufen und begrüßt haben, ahnungslos vielleicht über die unabwendbaren Folgen, ich will das gern einräumen. Nichts vermag den historisch fixierten Tag aus unserer Geschichte zu drängen, an dem dieser Kaliban erschien und jubelnd begrüßt wurde, im Gefolge den Schrecken seiner Macht, damit sich auch hier das Radikal-Böse ausbreite. Kein Zorn, keine Scham, keine Trauer kann diesen Tag aus der Welt schaffen. Wunden, wie sie damals geschlagen wurden, werden weder durch bequemes Vergessen noch durch den ehernen Schritt der Zeit geheilt.

Das sollten sich alle stets gegenwärtig halten, insonderheit jene, die zu politischem Denken neigen und nach politischer Aktivität drängen. Vielleicht, daß dann so etwas wie eine Annäherung zwischen Politik und Macht stattfindet. Von der Politik allein kann Heilung nicht kommen, es sei denn, sie erkennt auch in ihren Veränderungen die festen Moralbegriffe als ein Korrektiv an, dem in keiner Lage auszuweichen ist.

Die Demokratie, wie sie hier im Ansatz zu erkennen ist, ist kein Trugbild, auch wenn sie sich unter dem Einfluß diktatorischer Bedingungen entwickelt hat. Sie ist in England ebenso zu Hause wie, in den Formen leicht variiert, in der Schweiz, und auch bei uns, in Österreich, war sie heimisch. Es gehörte im Status der Rechtlosigkeit zu den niederdrückendsten Erkenntnissen, Normen des Rechtes, mittels deren die Freiheit und integrale Würde des Menschen festgehalten waren, schon einmal besessen und doch wieder schmählich aus der Hand gelassen zu haben. Nicht erst seit der Aufschließung Shakespeares für unsern Sprachraum wissen wir, daß der Mensch nicht nur den Sinn für Humanes und Göttliches, sondern auch das Chaos in seiner Haut trägt. Daran mußte ich oftmals denken, als Chaos und Willkür herrschten und barbarische Politik die halbe Welt damit anfüllte. Wenn ich das österreichische Bundesverfassungsrecht, so wie es heute gilt, in die Hand nehme, überläuft mich jedesmal ein leichter Schauder bei dem Gedanken, dieses habe auch schon vor 1933 seine volle Geltung besessen, und es könnte wieder eine Zeit kommen, in der es durch einen gewaltsamen politischen Handstreich aufhörte, gültig und wirksam zu sein, und sohin nicht mehr das Papier wert wäre, auf dem es niedergeschrieben ist.

Wenn ich es so darstelle, mag leicht der Eindruck entstehen, hier werde dem österreichischen Bundesverfassungsrecht eine übertriebene Bedeutung zugemessen, ja ihm fast die Signatur eines sakralen Schriftwerkes aufgedrückt. Ich weiß schon, es kommt nicht aus göttlicher Offenbarung, es ist ein Menschenwerk und sohin nicht vollkommen, es wird sich im Lauf der Zeit da und dort Modifizierungen gefallen lassen müssen. Doch wie es sich uns heute darstellt, hat es drei wesentliche Prinzipien in sich aufgenommen und zu einer Einheit gebunden: das republikanische, das parlamentarische und das demokratische Prinzip. Es garantiert die Grundrechte des Menschen, es respektiert seine volle Würde, es stellt die Freiheit seines Bekenntnisses sicher, die Freizügigkeit seiner Entscheidungen im Rahmen der Gesetze. Es kennt das Prinzip der Gewaltenteilung, wie es Montesquieu festgehalten hat, damit die Richter mit Hilfe der Gesetze im Sinne der Vernunft und der Wahrheitsfindung urteilen und der Bürger vor möglichen Willkürakten des Staates oder der Regierung geschützt ist. Gewiß, ich wiederhole, wird es sich da oder dort Modifizierungen gefallen lassen müssen, Anpassungen an die aktuelle Wirklichkeit des Daseins, die entscheidende Frage jedoch bleibt, aus welchem Geiste solche Veränderungen vorgenommen werden, ob man dem Ganzen an den Leib rückt oder nur unstimmige Details ins rechte Gerück und Gefüge bringt.

Die Zehn Gebote, die nach dem christlichen Glauben Gott erlassen hat, sind für einen Menschen dieses Glaubens bindend. Darüber kann es keine ernsthafte Diskussion geben. Man kann gegen die Zehn Gebote verstoßen, und leider geschieht das öfter, als es dem einzelnen und der Gesamtheit der Menschen guttut, aber man wird, wenn es geschieht, nicht gleich nach ihrer Abschaffung rufen. Ihre Befolgung ist zudem schwer, sie verlangen vom Menschen Zucht, Ordnung, Selbstbeherrschung, den Mut zur Wahrheit, den Willen zur Demut, die Bereitschaft zur Liebe; aber deshalb, weil es schwierig ist, sie zu befolgen, verlieren sie nichts von ihrer Gültigkeit. Die Gebote haben neben der reinen Glaubensmacht, die sie als Heilslehre ausstrahlen, mit der Zeit auch eine gesellschaftspolitische Funktion erhalten, insoferne sie danach verlangen, den Menschen als Einzelwesen und im Verband mit anderen zu versittlichen. So greifen sie machtvoll ein in den irdischen Bereich des Menschen, sie sind zum gesellschaftlichen Korrektiv geworden, zumindest in den Gemeinschaften, die vom Licht des Abendlandes durchstrahlt sind. Dieses Eingreifen eines Hauptteiles der christlichen Lehre und Forderung in den gesellschaftlichen Bereich des Menschen als ein notwendiges Korrektiv für sein Zusammenleben mit anderen wird leicht übersehen. Ich möchte es hier festhalten, um von da aus auf die Suche zu gehen nach einem passenden, präzisen Ausdruck und Namen für unser Bundesverfassungsrecht, das doch ein Hauptteil unserer staatlichen Existenz ist und dessen Lehre und Forderungen der Legislative und der Exekutive, dem Parlament und der Regierung, den Verwaltungsbehörden und den politischen Parteien stets präsent sein müssen.

Gehe ich zu weit, greife ich zu hoch, wenn ich das österreichische Bundesverfassungsrecht als eine Art von weltlichem Katechismus bezeichne, von weltlicher Katechese, innerhalb deren die Regierung, das Parlament, die Verwaltung die Fragen zu stellen haben und das Bundesverfassungsrecht die Antworten gibt, welche für den Fragenden verbindlich sein müssen? Ich glaube nicht. Allerdings meine ich, es dürfe dieses reine Entgegentönen von Frage und Antwort nicht vom Aufschrei dieser oder jener Partei gestört werden, wenn eine Antwort ihr nicht in den Kram paßt und ihren Absichten zuwiderläuft.

Die zweideutige Frage zu Beginn meiner Betrachtung hat, wie ich meine, bereits jetzt eine zumindest partielle Antwort gefunden. Partiell insofern, als sie sich noch an einen Bedingungssatz klammern muß. Es gibt keine Unsicherheit in einem demokratischen Staatswesen, muß die ganze Antwort lauten, wenn innerhalb der weltlichen Katechese die Fragen und Antworten rein entgegentönen. Ist der Geist, aus dem unser Bundesverfassungsrecht gewonnen und gefaßt wurde, allen Handlungen immanent, die von der Legislative, der Exekutive und den Verwaltungsbehörden gesetzt werden, ist er spürbar im Tun und Lassen der politischen Parteien, deren Vertreter die Legislative und die Exekutive bilden, ist er deutlich zu erkennen in der Amtsführung der Behörden, kann es keine Unsicherheit in der Demokratie, keine Risse in Struktur und Fassade des Staatshauses geben.

Damit würden auch Unbehagen, Sorge und Angst im bloß regierten und verwalteten Menschen allmählich hinschwinden und dem rasch anwachsenden Vertrauen zum demokratischen Staatswesen weichen müssen. Der regierte und verwaltete Mensch würde, was noch höher einzuschätzen ist, an Selbstachtung und innerer Freiheit gewinnen, er wäre, letztes, entscheidendes Fazit der bewußten Erziehung zum Staatsbürger, sozusagen auf den Weg gewiesen, der vom bloßen Individuum zur abwägenden, aus sich heraus urteilenden Persönlichkeit führt, vom Untertanen zum freien Bürger in des Wortes voller Bedeutung und schöner Bedeutsamkeit. Denn allmählich und nur so allein würde die aristotelische Einsicht in ihm Macht gewinnen, daß der Staat in ihm selbst seinen Anfang habe, daß er teilnehme an der Regierung und allen Einrichtungen des Staates, so daß der Staat von ihm abzuleiten sei und nicht umgekehrt. Er würde darauf bestehen, es sei die Führung des Staates nichts anderes als eine Regierung der Regierten, die Herrschaft der Beherrschten, ausgeweitet und modifiziert nach dem Modus, dem inneren Maß unseres gesellschaftlichen Zustandes. So wäre auch bald bei dem Regierten, dem Beherrschten nicht mehr jene häßliche Eigenschaft zu entdecken, die man beim bloßen Untertanen, beim nur regierten und verwalteten Menschen antrifft und die ich Kriecherei aus Eigennutz nennen möchte.

Fällt der Bedingungssatz, dieses leidige ›Wenn‹, durch die rechte Anwendung und Auslegung unseres Bundesverfassungsrechtes fort – er könnte fortfallen, es gibt keine logische Begründung für seine Existenz –, gibt es auch keine Unsicherheiten in einem demokratischen Staatswesen, das sich auf den freien Bürger stützt und von ihm abgeleitet ist. Es läßt sich auch so ausdrücken: Was man hier Unsicherheit nennt, ist in Wirklichkeit keine, es ist eine nicht gemäße Bezeichnung für den unbehaglichen Zustand, der sich von den mannigfachen Unarten der politischen Parteien herleitet, die im Streben nach Ausweitung ihrer Macht nicht mehr wissen wollen, was das Ihre ist und was der Gesamtheit gehört, dem Staat. Damit wäre ich, unversehens, so will es scheinen, in ein kritisches Verhältnis zu den politischen Parteien geraten, doch will ich gleich einbekennen, daß es so unversehens nicht ist.

›Freiheit, die ich meine . . .‹, so beginnt ein schönes, altes Lied, wir haben es in der Volksschule oft gesungen, es ist lange her, aber ich erinnere mich gerne daran. Vieles ist inzwischen über das Land und das Volk hereingebrochen, die Monarchie sank in sich zusammen, die Fundamente der Ersten Republik wurden gewaltsam zerstört, das merkwürdig antiquierte Gebilde des Ständestaates, das man auf die Trümmer setzte, konnte keine haltbare Bindung mit der Gegenwart finden, es wurde später von einem weitaus robusteren System der Gewalt und der Rechtlosigkeit fortgeschwemmt. Auch im Ständestaat und gar erst in den nachfolgenden Zeiten der blutigen Verfinsterung wurde das Wort ›Freiheit‹ oft gebraucht, aber ich sage wohl besser: auf eine elende Weise strapaziert. Da war der Beginn dieses Liedes, die eine Verszeile, die sich dem Gedächtnis eingeprägt hatte, ein wirklicher Trost. Was sonst wäre in dieser düsteren Epoche schon zu bewahren gewesen als die moralische Sauberkeit der eigenen Person und die Erinnerung an eine Zeit, in der Recht und Vernunft noch wirksam waren und Macht hatten, das Gute vom Bösen zu trennen? War der einzelne gegen die brutalen Mittel der äußeren Vernichtung wehrlos, gegen die Zerstörung der inneren Person durch die phraseologisch verdickte Fühl- und Denkweise des neuzeitlichen Kaliban konnte und sollte er sich behaupten.

Geschichte – das ist für die Theoretiker der politischen Parteien, besonders für die Anhänger der marxistisch-sozialistischen Lehre, ein faszinierendes Wort, mit dem sie virtuos zu spielen wissen, wenn es gilt, die Gegenwart zu erklären und die Zukunft zu deuten. Mit profunder Geschichtswissenschaft hat das nicht immer zu tun, zu sehr verschränkt sich bei ihnen das eine mit dem anderen, und wenn es das nicht tut, wird es verschränkt. Daß sich das stets erneuernde Leben um ihre Logik nicht immer kümmert, ficht sie wenig an, Geist und Person, stets neu und rätselhaft, werden auf das Bänklein ihrer Theorie geschnallt und gewaltsam gestreckt, oder es wird etwas amputiert, wahrlich, der alte Herr Prokrustes konnte es nicht viel besser.

Auch im April 1945 traten sie wieder auf den Plan, und die Praktiker hörten gerne zu, wenn da einer erklärte, die jüngste Vergangenheit sei zwar eine Wirklichkeit, aber doch auch so etwas wie ein böser Alptraum gewesen. So begannen die Praktiker wieder dort, wo sie vor zwölf oder acht Jahren aufhören mußten. Sie setzten sich mit dem gleichen Schritt in Bewegung, mit dem sie ins Unheil gegangen waren, so als wäre wirklich nur der Schlaf aus den Augen zu reiben gewesen. Die Frage nach der eigenen Schuld, die mit der berüchtigten Kollektivschuld schon gar nichts zu tun hat, wurde niemals gestellt, und nie wurde danach geforscht, ob sie nicht Anteil daran gehabt hätten im Denken und Tun.

Sie kümmerten sich nicht darum, sie wollten es erst gar nicht. So mußte die Einsicht, daß jede geschichtliche Bewegung, um eine Erkenntnis Gottfried Kellers zu variieren, von ihrer inneren Kraft und Bewegtheit abhängt, spurlos an ihnen vorbeigehen. Sie konnten oder wollten nicht verstehen, daß die Dauer einer geschichtlichen Bewegung sich im abgemessenen Rhythmus zu der Moral verhält, die sie aufwendet. Für den einzelnen, der nicht nach einer politischen Funktion strebte, der nur willens war, den privaten Raum seines Daseins neu zu festigen und abzuschirmen, mochte noch hingehen, daß er als Überlebender eines beispiellosen Unterganges nur aufatmete und weiter nichts als heilfroh war, allen Fängen und Fallen entronnen zu sein; aber die Funktionäre der politischen Parteien, die es unternahmen, die einzelnen politisch wieder zu sammeln, hätten sich zunächst die Frage vorlegen müssen, welche inneren und äußeren Verwandlungen sich in den Überlebenden vollzogen hatten.

Sie haben es nicht getan. Sie streiften einfach das Totenkleid, in dem sie so lange einhergegangen waren, mit einem Ruck ab, nicht anders als jeder private Mensch; sie holten aus irgendeinem Versteck das alte Gewand hervor und aus der Tasche die inzwischen längst ungültig gewordene Legitimation, im Namen der vielen zu sprechen. Zwar redete man angesichts der Menschenopfer und im

Anblick der Ruinen auch von der überstandenen Katastrophe, aber das ging nicht tief, es blieb an der Oberfläche. Man versäumte es, den neuen Standort gründlich zu überprüfen, das Ausmaß des Elends in der Weite und Tiefe auszuschreiten und vor allem sich selber zu sagen, daß aus dem Nichts nichts werden kann und der noch schlafende Kaliban auch von ihnen, wenngleich unbewußt und gegen ihren Willen, genährt worden war. Mit einem Mal versagte ihr historischer Sinn, und der paradoxe Zustand, daß Geschichte kaum jemals so gründlich und entschlossen gerade von ihren ergebensten Jüngern ignoriert wurde wie im Jahr 1945, wurde gar nicht bemerkt.

Die notwendige Suche nach einem archimedischen Punkt wurde gar nicht begonnen. So blieb denn auch der mögliche Fund verborgen. So wie im individuellen Dasein Vergangenheit eine Form des Seins ist, die schmerzlichste oft, wie ich aus Erfahrung weiß, so ist für den Staat auch Geschichte eine Form des Seins, eine Wirklichkeit. Auch die schmerzlichen Kapitel im Dasein eines Volkes gehören zu dieser Wirklichkeit. Weder Sorglosigkeit noch falsche Scham und schon gar nicht die halbbewußte Verschleierung der aktuellen Realität durch das Vorzeigen von längst in die Tradition eingesunkenen kulturellen und künstlerischen Werten können, was in der jüngsten Vergangenheit geschah, einfach ungeschehen machen.

Als im Jahr 1945 das politische Durcheinander wieder auf demokratischer Basis geformt werden sollte, da wäre es notwendig gewesen, von vornherein Giftstoffe auszuscheiden, die weder durch die Annexion noch während der Ära des Nationalsozialismus entstanden waren, sondern ihren Ursprung noch vorher, in der politischen Wirklichkeit des eigenen Landes hatten. Kein noch so gutgemeintes Übereinkommen, im Jahre 1945 über die schmerzlichen Tage des Jahres 1934 nicht zu reden, konnte diese wirklich vergessen machen. Wie sehr dies einem frommen Wunsch entsprang, wie sehr dieser Wunsch weniger Frommheit war als politischer Utilitarismus, das erlebten wir fast bei jeder Wahl, spüren wir bei jeder politischen Auseinandersetzung der beiden großen Parteien. Jedenfalls hätte nur das rückhaltlose Einbekenntnis, es habe die eine, kaum stärkere Partei im Jahr 1934 die Verfassung verletzt, jeden bitteren Gedanken daran nehmen können. Nicht nur im privaten Dasein, auch im öffentlichen Leben wirkt der nicht erkannte und einbekannte Fehler fort.

Vielleicht hätte man mit der beiderseitigen Selbsterforschung den Schlüssel zu der so schwer erklärbaren Selbstaufgabe im Jahr 1938 in der Hand gehabt. 1945 hätte man sich an das Jahr 1934 erinnern müssen, ohne Haß, nur mit der Absicht, die Wahrheit von gestern zu erforschen, um sie für das Heute nutzbar zu machen. Es gehört zum Grundsatz guter Bauleute, vor der Arbeit den Unrat fortzuräumen. Anstatt nach einem festen Grund zu suchen, auf dem das neue, demokratische Haus zu errichten war, flüchtete man sich in die wohlige Fiktion, ausschließlich Opfer einer Aggression gewesen zu sein, und zudem in das dunkle Bestreben, die Verwerflichkeit eines politischen Systems mit dem Wesen des Volkes gleichzusetzen, von dem es seinen Ausgang genommen hat. So einfach lagen die Dinge 1938 nicht.

Ein Übereinkommen zwischen politischen Gegnern, die einander einst hart bekämpft hatten, muß tiefer gefaßt und weiter geplant sein, als bloßer Utilitarismus gebietet. Das Nützliche muß für ein Drittes, für die Gesamtheit der Bürger, für den Staat, aufgewendet werden. Nur so können aus Gegnern auch Partner werden. Es klingt einfach schlecht, wenn man ›Vaterland‹ sagt und nur die eigene Partei meint. Der unvergeßliche Theodor

Heuss, der sehr wohl einer politischen Partei verpflichtet war, dessenungeachtet aber zum Staat gefunden hat, zu Europa, ohne die bestimmenden Merkmale seiner politischen Herkunft abzulegen, hat das einmal eine ›Politik des schlechten Stils‹ genannt.

Es ist ein schlechter Stil, wenn man vorgibt, was man nicht hat, wenn man etwas anstrebt, das man im Ernst gar nicht will. Es war ein schlechter politischer Stil, das Erkenntnis eines Höchstgerichtes nicht anzuerkennen, weil es nicht in den eigenen politischen Kram paßte, es auf die Basis parteipolitischer Auseinandersetzung zu zerrren und die Sachlage so zu verfälschen, als wäre nicht über eine Rechtssituation zu entscheiden gewesen, sondern über eine politische Frage in der Alternativform: Republik oder Monarchie. Es war ein schlechter politischer Stil, die an dem Entscheid beteiligten Richter zu diffamieren und den Versuch zu wagen, das Volk als Richter über dieses Höchstgericht zu setzen. Es ist ein schlechter Stil, wenn die beiden großen politischen Parteien die Zusammenarbeit beschwören, innerlich aber zu einer fruchtbaren Zusammenarbeit nicht bereit sind, sondern von der Wurzel her und im Kern Gegner bleiben von der gleichen Intransigenz, die sie schon in der Ersten Republik gekennzeichnet hat.

Es ist legitim, wenn eine politische Partei versucht, mit sachlichen Argumenten und äquivalenten Handlungen auf die Wähler einzuwirken und ihr Vertrauen zu gewinnen, doch ist es ein ganz schlechter politischer Stil, wenn sie glaubt, das Streben nach Machtausweitung heilige jedes Mittel, auch das verwerflichste, Heuchelei und Doppelzüngigkeit. Es ist ein schlechter politischer Stil, wenn es ihr nur darum geht, dem Wählervolk zu schmeicheln, anstatt es zu belehren und zu führen, und es ist ein miserabler politischer Stil, wenn sie tut, als wäre sie tabu, und Kritik als Majestätsbeleidigung auffaßt.

Ich spreche das in großer Besorgnis aus. Wird dieser schlechte Stil fortgesetzt, wird er allmählich das Fundament unserer Rechtsstaatlichkeit aushöhlen. Solche Politik verbiegt den geraden Sinn des Volkes und verdirbt seinen Charakter. Und so sei hier in warnender Sorge eine Stelle aus den Schriften des Aristoteles zur Politik hergesetzt:

›Die fünfte Art der Demokratie ist diejenige, in der zwar die bisher genannten Bestimmungen auch gelten, der ausschlaggebende Faktor aber der Wille der Menge ist, nicht das Gesetz. Dies ist da der Fall, wo die Volksbeschlüsse als solche Geltung haben, nicht das Gesetz. Dies ist die Folge der Wirksamkeit der Demagogen. Denn in den Demokratien, wo nach dem Gesetz regiert wird, ist kein Raum für Demagogen, sondern die tüchtigen Bürger stehen an der Spitze. Wo aber die Gesetze nicht in Geltung stehen, da gedeihen die Demagogen. Denn hier wird das Volk zum Monarchen. Ein solches Volk, das tatsächlich Monarch ist, sucht seine Herrschaft in der Weise auszuüben, daß es sich nicht dem Gesetz unterstellt, und wird so despotisch. Bei ihm stehen die Schmeichler in Ehren, und es entspricht unter den verschiedenen Formen der Monarchie der Tyrannis. Deshalb trägt es auch ganz denselben Charakter: beide vergewaltigen dic tüchtigeren Bürger, die Volksbeschlüsse sind das, was dort persönliche Befehle sind, und der Demagog und der Schmeichler sind dieselbe Menschenart . . . Beide haben die einflußreiche Stellung: die Schmeichler bei den Tyrannen und die Demagogen bei einem solchen Volke . . .‹

Ich habe mit einer Frage begonnen. Es schien nicht hoffnungslos, die rechte Antwort darauf zu finden. Die Schatten, die plötzlich da waren, ich habe sie gelassen, sie gehören zu dem Bild, das sich uns erschlossen hat. Die Schatten würden dichter, das Bild dunkler sein, nähme ich alles hinein, was zu den unausbleiblichen Folgen eines schlechten politischen Stils gehört: die geistige Deformierung, die moralische Gleichgültigkeit, die sprachliche Verwirrung, die Öffnung zum Boulevard, die Spekulation auf niedrige Instinkte, die Versuche, ehrwürdige Worte um ihren guten alten Sinn zu bringen. Es erforderte eine eigene, selbständige Betrachtung.

Dennoch möchte ich mich nicht in dieser Verdüsterung von Ihnen, geehrte Hörer, verabschieden. Ich meine, es liegt auch und vor allem an uns, die Schatten zu verscheuchen, das Bild wieder aufzuhellen, wenn wir, wo immer wir diesem schlechten politischen Stil begegnen, ihm Widerstand entgegensetzen. Gewiß nicht in einem großen Aufbegehren, mit einem revolutionären Schwung, der leicht zum Pathos und damit leicht zu einer falschen Einschätzung der Wirklichkeit verführt, auch nicht durch die allgemein beliebte Sammlung und Zusammenfassung von Meinungen. Vielleicht genügt es schon, wenn wir, als einzelne, zurückfinden zu den Tugenden, die bisher unseres, des Menschen Daseins Mitte und seines Strebens Maß gewesen sind: zur Redlichkeit, zur Rechtschaffenheit, zur Achtung vor dem Lebendigen, zum Respekt vor der Integrität des Neben- und Mitmenschen, kurzum, zu jener Ehrfurcht, die wir in jüngster Vergangenheit weithin verloren haben. Daß wir dort, wo wir sehen und spüren, daß nicht nach solchen Maximen gehandelt wird, es auch unbekümmert aussprechen. Vielleicht genügt es, wenn wir ganz einfach Menschen bleiben, die den Menschen neben und das Göttliche über sich nicht vergessen.«

Es paßte damals. Es paßt noch heute.

Marginalien

Auflockern sollen wir, sagte ich zu Wickenburg und Thalmann, auflockern in Inhalt und Stil. Dann können wir bleiben. Gefällig und glatt, so wünscht es der Vermögensverwalter, und in jedem Heft eine kleine Sensation. Doch auflockern bedeutet, daß wir Gewissen und Gesinnung so lange verdünnen, bis nichts mehr von ihnen zu spüren ist. Dann lieber den Abschied, sagte Thalmann, und Wickenburg war der gleichen Meinung. Aber mit veröffentlichter Begründung und schon im nächsten Heft, sagte ich. Dann gab es die Zeitschrift nicht mehr, nur die Hoffnung, sechs Jahre lang nicht völlig ins Leere geschrieben zu haben. Es war der Sommer 1950.

Anämisch, blaß, ohne Saft und Kraft, so schob sich der gesinnungslose Publizist vor die Augen. Wir hatten ihn deutlich im Visier: Im Gegensatz zu Martin Luther vor dem Reichtstag zu Worms sagt er zu sich, nicht zu seinen Partnern, nicht zu seinen Gegnern: Hier stehe ich und kann auch anders. Kein Frundsberg klopft ihm auf die Schulter, auch Gott wird ihm nicht helfen. Gott hilft nur jenen, deren Wort ja, ja heißt und nein, nein. Sein Wort dagegen ist kein Wort in diesem Sinn. Es hat die Farbe des Chamäleons. So schillert und glänzt er sich durchs Dasein.

Sein Charakter ist die Charakterlosigkeit, seine Stärke der momentane Schwung des jeweils Modischen, seine Triumphe erntet er auf den weiten Feldern der Majorität. Er ist überall aufzufinden, in jeder Schicht der Sozietät hat er sich eingenistet, keine geographische, politische und gesellschaftliche Grenzziehung vermag ihn aufzuhalten. Eine Quarantäne ist für ihn noch nicht gefunden. Das will meinen, das Gesinnungslose bindet sich nicht nur an *eine* Tätigkeit, aber es ist gewiß, nirgendwo wird es lästiger, quälender, bedrückender empfunden als in jenem Raum, wo es gilt, zu bekennen, zu urteilen, zuzustimmen oder abzulehnen, kurzum, sich gegen die Auswüchse des Zivilisatorischen und Modischen schreibend zu wehren.

Der Gesinnungslose redet dem Mächtigen nach dem Mund, und weil er geschickt ist und gewisse Finessen sich ihm nicht versagen, weiß er die tumbe Menge, deren Gehör für den falschen Ton nicht genug geschärft ist, zu überzeugen. Zu seinen Finessen gehört, überlieferte Begriffe des Guten, Wahren und Schönen in sein Repertoire aufzunehmen und insgesamt fragwürdig zu machen. Er klatscht aus der sicheren Loge Beifall, wenn auf der Bühne Tabus in Verruf gebracht werden, an die er in seiner privaten Existenz fest glaubt. Er ist stets bereit, im Namen des Fortschritts die Gesellschaft anzugreifen, aber nicht, ohne vorher zu verlangen, diese Gesellschaft müsse ihn fördern und in allem sein Mäzen sein.

Der Mächtige, dem er nach dem Mund redet, braucht nicht immer in der Politik oder der Verwaltung des Staates sichtbar zu walten. Es gibt da seltsame Umkehrungen wie etwa in der Bundesrepublik Deutschland. Dort konnte geschehen, daß ein Schriftsteller in der Stunde, da man ihn öffentlich ehrte und mit dem Büchner-Preis auszeichnete, allen Ernstes seine Daseinsbedingungen mit dem äußeren Schicksal Georg Büchners gleichstellte. Keiner von den anwesenden Intellektuellen hat auf diese politische und moralische Perversion aufmerksam gemacht und auf den fundamentalen Unterschied hingewiesen: Er werde doch in aller Öffentlichkeit geehrt und empfange einen Preis, während dem vor dem Zugriff der

Gewalt flüchtenden Büchner die Hunde der Häscher die Hose vom Hinterteil gerissen hätten, wäre er nicht rechtzeitig über den hessischen Grenzzaun retiriert. Dem Gewissenlosen entschwinden die Proportionen von selbst.

Der Gesinnungs- und Gewissenlose liebt das Cliquenwesen. Mit dessen Bildung und Ausgestaltung ist er unaufhörlich befaßt. Er weiß und hat erfahren, was man mit personellen Manipulationen erreichen kann, und seine Urteile fällt er vornehmlich auf der gut gesicherten Basis einer wechselseitigen Belobigungassekuranz. Zuweilen gefällt er sich in der Rolle eines Propheten. Sein Sehertum stützt sich auf die unerschütterliche Meinung, Welt und Wirklichkeit hätten so zu sein, wie er es will. Dies mag den Grund dafür abgeben, daß er gelegentlich auch über Geschehnisse berichtet, bei deren hergangsmäßiger Beschaffenheit zwischen Anfang und Ende er weder Augen- noch Ohrenzeuge war. Er schreibt nach dem Hörensagen. Der Gewissenlose vollbringt seine Leistung auch mit dem Astralleib.

Was immer er anstellen mag, sein Unwesen soll den Blick auf seinen Widerpart nicht verstellen. Dieser, der gewissenhafte Publizist, stellt sich in der vollen Macht seiner Verantwortung dar, frei von allen Moden, verpflichtet nur seinem Gewissen, niemand und nichts anderem vertrauend als den Erfahrungen seiner Sinne, die seine Weltnähe verbürgen, seine Aufgeschlossenheit für den Tag, der aus der Nacht gekommen ist, erst möglich machen.

Wie jeder, der sich auf die Suche nach Wahrheit begibt, wird auch er Irrtümern unterliegen. Doch ist ein Irrtum, wird er redlich eingesehen, nützlicher als jedweder Konformismus. Er wird für den Menschen Wohlwollen aufbringen, um sich vom Menschenwerk kritisch abheben zu können, verborgenen Zusammenhängen nachspüren, Grundsituationen freilegen und seine Sprache niemals zum Jargon herabwürdigen.

Und mit vollem Ernst wird er aussprechen: Es machen sich Gruppen und Parteien, versuchen sie, einen Zwang auf sein Gewissen zu legen, einer üblen Nötigung schuldig. Und so würde er eher verstummen, als daß er seinen Standort nach dieser oder jener Seite hin verrückte.

Aus der Blechschmiede unseres Jahrhunderts, dem Fernsehen, quellen immerfort Bilder, um den Einsamen in der Stube mit den Ereignissen in der Welt draußen zu verbinden. Mit den Bildern kommen Informationen und Kommentare, ihnen ist das Hauszeichen hörbar eingestanzt. Da gehen überschlanke Frauen über den Laufsteg, und das zarte Stimmchen einer Kommentatorin zwitschert dazu, mit dieser Kollektion habe der Schneider »den kommenden Frühling modisch bewältigt«. Mag sein. Doch wünschte man, das Fernsehen bewältigte endlich seine eigenen Kommentatoren. Und mit ihnen die hausfremden Gladiatoren, die sich im Studio einfinden, um das beliebteste Spiel der Demokratie aufzuführen: die Diskussion. Ehemalige Kommunisten sprechen von der Furchtbarkeit eines politischen Systems, dem sie dienstbar waren. Von dieser Furchtbarkeit weiß man seit Jahrzehnten. Man benütze die Freiheit mit Vernunft und sperre sie allesamt in ein Kloster.

Die Menschen, die sich auf nichts sonst als auf »unsere Zeit« berufen, und die Zeit, ach, dieser Hohlraum der Progressivisten! Zuweilen, wenn ich sie höre, ist mir, als blickte ich in eine riesige Glaskugel, und da sehe ich sie »fortschreiten«, der eine überholt den andern, und keiner kann am Abend des gewesenen Tages den Morgen des kommenden erwarten. Der Schlaf, diese heilige, uns von Gott geschenkte Ruhe, ist ihnen ein leidiges Hindernis, ich vermute, sie strampeln auch im Traum. Keiner reibt sich die Augen, ist ein neuer Tag angebrochen, sie laufen weiter, mit Transparenten in der Hand, und haben sie die andere, nach außen gekrümmte Wand der Kugel erreicht, sind sie nur alt geworden, die Zeit ist geblieben, was sie war.

So laufen und stürmen sie dahin, und keiner hat Zeit, das Zeitlose wahrzunehmen, das im Nachtlied eines anderen Wanderers aus der Ferne heraufklingt und so nah ist wie der gegenwärtige Augenblick:

Über allen Gipfeln
Ist Ruh,
In allen Wipfeln
Spürest du
Kaum einen Hauch;
Die Vöglein schweigen im Walde.
Warte nur, balde
Ruhest du auch.

Die Tröstungen kommen aus Büchern, in die der Mensch unverweslichen Atems eingegangen ist. Goethe, dieses höchste Glück der Menscheit, ist dafür Zeuge. Sie kommen vom Gedicht, das mit ihm und durch ihn zum ersten Mal mit den Lauten der Natur zu uns gesprochen hat. Wer vermöchte ohne Glücksgefühl und Staunen, ohne Ergriffenheit und Dank der breiten Spur nachzugehen, die von seinem Dasein in Frankfurt und Weimar in die Welt führt, einsinkend in alle Wechselfälle des Lebens? Wer hielte nicht den Schritt an und bliebe lauschend in sich versunken, vernimmt er, was da mit Adlerflügeln bodennah über die Erde rauscht, berührend sein Herz und das Herz von Millionen? Wer könnte jemals aufhören zu bedenken, was da in einem Leben enthalten war: Es rief mein Herz, geschwind zu Pferde; Heraus in eure Schatten, rege Wipfel; Bester Freund, was ist das Herz des Menschen; So mit morgenroten Flügeln riß es mich an deinen Mund; Füllest wieder Busch und Tal; Dämmrung senkte sich von oben; Bedecke deinen Himmel, Zeus; Zufrieden wär ich, wenn mein Volk mich rühmte; Wer nie sein Brot mit Tränen aß; Sagt es niemand, nur dem Weisen . . .

Dies alles und noch viel mehr: das Reinste in der Welt, das Zarteste in der hineilenden Stunde, der flüchtigste Augenblick, festgehalten für immer. Erhellt von diesem Licht, hofft man inniglich, es werde nicht ganz aus Welt und Leben sich verlieren, was ein anderer, Novalis, im Gedicht ausgesprochen hat:

Wenn nicht mehr Zahlen und Figuren
Sind Schlüssel aller Kreaturen,
Wenn die, so singen oder küssen,
Mehr als die Tiefgelehrten wissen,
Wenn sich die Welt ins freie Leben
Und in die Welt wird zurückbegeben,
Wenn dann sich wieder Licht und Schatten
Zu echter Klarheit wieder gatten
Und man in Märchen und Gedichten
Erkennt die wahren Weltgeschichten,
Dann fliegt vor einem geheimen Wort
Das ganze verkehrte Wesen fort.